Rechtsphilosophie zur Einführung

Alexander Somek

Rechtsphilosophie zur Einführung

JUNIUS

Junius Verlag GmbH
Stresemannstraße 375
22761 Hamburg
www.junius-verlag.de

Umschlaggestaltung: Florian Zietz
Titelbild: Gustav Klimt, »Jurisprudenz«
© Leopold Museum Privatstiftung
Satz: Junius Verlag GmbH
Printed in the EU 2018
ISBN 978-3-88506-809-9

Bibliografische Information der Deutschen Nationalbibliothek
Die Deutsche Nationalbibliothek verzeichnet diese Publikation in der Deutschen Nationalbibliografie; detaillierte bibliografische Daten sind im Internet über http://dnb.d-nb.de abrufbar.

Zur Einführung …

… hat diese Taschenbuchreihe seit ihrer Gründung 1977 gedient. Zunächst als sozialistische Initiative gestartet, die philosophisches Wissen allgemein zugänglich machen und so den Marsch durch die Institutionen theoretisch ausrüsten sollte, wurden die Bände in den achtziger Jahren zu einem verlässlichen Leitfaden durch das Labyrinth der neuen Unübersichtlichkeit. Mit der Kombination von Wissensvermittlung und kritischer Analyse haben die Junius-Bände stilbildend gewirkt.

Seit den neunziger Jahren reformierten sich Teile der Geisteswissenschaften als Kulturwissenschaften und brachten neue Fächer und Schwerpunkte wie Medienwissenschaften, Wissenschaftsgeschichte oder Bildwissenschaften hervor. Auch im Verhältnis zu den Naturwissenschaften sahen sich die traditionellen Kernfächer der Geisteswissenschaften neuen Herausforderungen ausgesetzt. Diesen Veränderungen trug eine Neuausrichtung der Junius-Reihe Rechnung, die seit 2003 von der verstorbenen Cornelia Vismann und zwei der Unterzeichnenden (M.H. und D.T.) verantwortet wurde.

Ein Jahrzehnt später erweisen sich die Kulturwissenschaften eher als notwendige Erweiterung denn als Neubegründung der Geisteswissenschaften. In den Fokus sind neue, nicht zuletzt politik- und sozialwissenschaftliche Fragen gerückt, die sich produktiv mit den geistes- und kulturwissenschaftlichen Problemstellungen vermengt haben. So scheint eine erneute Inventur der Reihe sinnvoll, deren Aufgabe unverändert darin besteht, kompetent und anschaulich zu vermitteln, was kritisches Denken und Forschen jenseits naturwissenschaftlicher Zugänge heute zu leisten vermag.

Zur Einführung ist für Leute geschrieben, denen daran gelegen ist, sich über bekannte und manchmal weniger bekannte Autor(inn)en und Themen zu orientieren. Sie wollen klassische Fragen in neuem Licht und neue Forschungsfelder in gültiger Form dargestellt sehen.

Zur Einführung ist von Leuten geschrieben, die nicht nur einen souveränen Überblick geben, sondern ihren eigenen Standpunkt markieren. Vermittlung heißt nicht Verwässerung, Repräsentativität nicht Vollständigkeit. Die Autorinnen und Autoren der Reihe haben eine eigene Perspektive auf ihren Gegenstand, und ihre Handschrift ist in den einzelnen Bänden deutlich erkennbar.

Zur Einführung ist in der Hinsicht traditionell, dass es den Stärken des gedruckten Buchs – die Darstellung baut auf Übersichtlichkeit, Sorgfalt und reflexive Distanz, das Medium auf Handhabbarkeit und Haltbarkeit – auch in Zeiten liquider Netzpublikationen vertraut.

Zur Einführung bleibt seinem ursprünglichen Konzept treu, indem es die Zirkulation von Ideen, Erkenntnissen und Wissen befördert.

Michael Hagner
Ina Kerner
Dieter Thomä

Inhalt

Vorwort

Die Rechtsphilosophie will wissen, was das Recht eigentlich ist. In diesem Buch wird eine Antwort auf diese Frage entwickelt. Sie geht vom Verhältnis von Recht und Moral aus und begreift das Recht als Ausdruck einer Beziehung, in deren Rahmen die Menschen einander »Willkürfreiheit« einräumen.

Die in derselben Reihe erschienene *Rechtstheorie zur Einführung* führt in die Auseinandersetzungen zur Frage ein, unter welchen Bedingungen wir wissen können, was rechtens ist. Das erste Buch endet dort, wo das vorliegende beginnt. Insofern stellt dieses die Fortsetzung des ersten dar.

Um die Lektüre von Vorentwürfen haben sich auch diesmal Hanna Mosler, Raphaela Tiefenbacher und meine Frau Sabine verdient gemacht. Teile des Manuskripts sind von Christoph Bezemek, Jakob Gaigg und Stephan Vesco gelesen worden. Ihnen gilt mein aufrichtiger Dank.

Besonderen Dank schulde ich aber Steffen Herrmann für seine Bereitschaft, auch diese Arbeit in sein wunderbares Verlagsprogramm aufzunehmen.

Wien, im Oktober 2017 — Alexander Somek

Einleitung

Dieses Buch bietet eine systematische Einführung in die Rechtsphilosophie. Eine selektive Darstellung der Ideengeschichte ist in die Entwicklung der Grundbegriffe hineinverwoben. Der Text beginnt mit dem Verhältnis von Recht und Moral und endet mit der Skizze des kosmopolitischen Verfassungstyps, der sich im Europa des 20. Jahrhunderts ausgebildet hat.

Die Einführung beginnt mit einer Korrektur der landläufigen Vorstellung, wonach das »Recht« ein besonderes soziales Objekt – eine bestimmte Organisation oder eine Ordnung von Normen – darstellt. Das Recht ist vielmehr als eine besondere Beziehung zwischen Menschen zu begreifen.

Dass wir das Recht *auch* als Objekt wahrnehmen – als einen Gegenstand – ist bereits eine Folge der Beziehung, die man als das »Rechtsverhältnis« bezeichnet.

Der *erste Teil* dieser Einführung versucht, das Verhältnis von Recht und Moral zu klären und vor diesem Hintergrund das Rechtsverhältnis zu bestimmen. Das Rechtsverhältnis entspringt einer Selbstkorrektur moralischer Rechtfertigungsanforderungen. Mit dem Eintreten ins Rechtsverhältnis werden diese ausgesetzt und auf die wechselseitige Einräumung von Willkürfreiheit reduziert. Der damit einhergehende Verzicht auf eine direkte moralische Rechtfertigung des Verhaltens ermöglicht es, dieses unter Hinweis auf Entscheidungen zu begründen. Die Begründung von Verhaltensanforderungen verwandelt sich in die Beantwortung der Frage, ob Entscheidungsbefugnisse bestehen. Es ist daher kein Anzeichen von Unvernunft, wenn die moralische Richtigkeit von Entscheidungen kontrovers beurteilt wird. Diese verlieren deswegen auch nicht ihre Rechtsverbindlichkeit.

Der *zweite Teil* schließt daran nahtlos an. Aus der rechtlichen Beziehung zwischen Personen gehen Rechte und Pflichten hervor. Nach einer Analyse ihrer Formen wird die Frage erörtert, welche Rechte wir denn haben und ob uns diese, wenn wir sie haben, »von Natur aus« – also vor aller positivrechtlichen Festlegung – zukommen. Der Glaube an natürliche Rechte ist eine historische Vorbedingung für die Formulierung von Menschenrechten.

Ob die Begründung natürlicher Rechte zu gelingen vermag, ist zweifelhaft. Der zweite Teil endet mit einer skeptischen Perspektive auf das Naturrecht und auf die horizontale Verhaltenskoordination, die in Entfremdung resultiert.

Der *dritte Teil* versucht eingangs, die Bedeutung der äußeren Freiheit zu klären, und bestimmt die Gleichheit im Sinne eines Willkür- und eines Diskriminierungsverbots. Sodann wird ein alternativer Anlauf zur Bestimmung der Rechte unternommen. Die Rechte, welche die Menschen haben, können nur diejenigen sein, die sie sich unter Bedingungen der Gegenseitigkeit einräumen würden, um überhaupt in einem Rechtsverhältnis stehen zu können. Sie betreffen die Konstitution des Rechtssubjekts.

Bereits im ersten Teil begegnet man dem Gedanken, dass das erste Recht, das sich Menschen gegenseitig zugestehen würden, ein Recht auf alles wäre. Im zweiten Teil stellt sich heraus, dass es mit einem solchen Recht nur nichts sein könnte. Die Menschen können kein uneingeschränktes Recht auf alles haben. Im dritten Teil wird die Frage wiederaufgenommen und vorläufig folgende Antwort formuliert: Die Menschen wollen Gleichbehandlung und räumen einander wechselseitig Freiheit ein, solange sie einander nicht schaden.

Die Beantwortung der Frage, wie man Schädigungen identifiziert und bewertet, führt zum Nutzenprinzip und damit zum Utilitarismus. Die Verteilung von Rechten und Pflichten erweist sich damit als eine Gerechtigkeitsfrage. Denn der Utilitarismus lässt sich als Theorie der Gerechtigkeit rekonstruieren. In dieser Eigenschaft steht er weder unangefochten noch konkurrenzlos da. Berühmteste Kritiken an utilitaristischen Gerechtigkeitsvorstellungen findet man im Verständnis von Gerechtigkeit als Fairness und in radikalen Formen des Liberalismus.

Somit stellt sich heraus, dass, wer sein Recht einfordert, den Anspruch erheben muss, eine gerechte Forderung zu erheben.

Allerdings hat sich schon im ersten Teil ergeben, dass auf der Ebene des Rechtsverhältnisses die Auffassungen darüber, was als moralisch gerechtfertigt gilt, weitestgehend kontrovers bleiben dürfen. Man muss die Auffassungen anderer gegen sich gelten lassen, jedenfalls solange diese nicht grob gegen die Gleichheit verstoßen. Auf die Gleichheit lässt sich nicht verzichten, weil sie für das Rechtsverhältnis immer schon vorausgesetzt wird. Dennoch bleibt die Gerechtigkeit für die Rechtsgeltung bloß negativ relevant. Gravierende Ungleichheit darf es nicht geben. Wenn sie vorliegt, darf man sich zum gewaltsamen Widerstand ermächtigt erachten.

In der Struktur des Rechtsverhältnisses ist es angelegt, die Geltung des Rechts in faktischen Entscheidungen begründet zu sehen. Die Gleichheit ist die diesem Verhältnis immanente Grenze. Die Beachtung dieser Grenze muss ins Recht selbst »eingebaut« werden. Deswegen ist das Rechtsverhältnis auf Konstitutionalisierung angelegt.

Der *vierte Teil* widmet sich der Frage, wie politische Gemeinschaften beschaffen sein müssen, damit es uns zuzumuten ist, die normativen Vorstellungen anderer gegen uns gelten zu lassen. In der westeuropäischen Tradition kennen wir zwei elementare Modelle: die Polis einerseits und den Staat andererseits.

Idealerweise beruht die Polis auf dem guten Bürger, vermöge dessen Charakter die Vernunft über die Antriebe herrscht. Die Mischverfassung und die Republik beruhen auf demselben Gedanken.

Der Staat steht für öffentliche Ordnung und private Freiheit. Mit der Souveränität tritt in den Hintergrund, dass die politische Gemeinschaft aus unterschiedlichen Gruppen und Charakteren aufgebaut ist. Alle Gewalten gelten als Ausfluss einer souveränen Gewalt.

Die Brücke zwischen Polis und Staat wird in der modernen Republik geschlagen, die als gewaltenteilende repräsentative Demokratie realisiert wird. Im Vergleich zu ihrem antiken Gegenstück zeichnet sich die moderne Demokratie durch die überwiegend private Lebensorientierung ihrer Bürger aus. Die moderne Demokratie ist eine Demokratie von »Individualisten«.

Die moderne Demokratie beruht auf der Volkssouveränität. Versucht man zu bestimmen, was dies bedeutet, stößt man auf den Begriff der Nation. Der *fünfte Teil* greift die bekannte Idee auf, wonach Nationen »eingebildete Gemeinschaften« sind. Ob sich ihre Existenz rational begründen lässt, ist zumindest kontrovers. Unumstritten ist gleichwohl, dass der Glaube an die Existenz von Nationen eine historisch bewegende Kraft ist. Dieser Glaube verschwindet nicht, indem man Nationen als »eingebildet« oder gar »illusionär« abtut. Die aus dem Glauben an den nationalen Zusammenhalt genährte Kraft muss dermaßen kanalisiert werden, dass von der Nation die solidarische Komponente verbleibt, während ihre aggressive Seite unterdrückt wird. Supranationale Institutionen dienen diesem Zweck. Supranational eingehegte politische Gemeinschaften verfügen über eine kosmopolitische Verfassung. Da eine solche Verfassung das Bürgersein und das Fremdsein als gleichermaßen legitime Fälle der Assoziierung begreift, ist die Bewegungsfreiheit von Personen ein Prüfstein ihrer Legitimität.

Recht und Moral

I. Verallgemeinerung

§ 1. Einleitung

Die Rechtsphilosophie will klären, was das Recht ist.

Als soziales Phänomen zeichnet sich das Recht durch einen spezifischen Autoritätsanspruch aus. Wer sich auf das Recht beruft, gibt anderen zu verstehen, dass sie etwas bloß deswegen tun oder unterlassen sollen, weil das Recht es so vorschreibt.

Die Rechtsphilosophie rekonstruiert die Verbindlichkeit des Rechts. Sie versucht zu verstehen, was diese Verbindlichkeit *bedeutet* und unter welcher Bedingung sie *vorliegt*. Was das Recht ist, wird deutlich, wenn man weiß, *wie* und *weswegen* es für die Menschen verbindlich ist.

Zur Bestimmung dieser Verbindlichkeit ist das Verhältnis von Recht und Moral aufzuklären. In diesem Zusammenhang stellen sich zwei Fragen: Kann das positive Recht verbindlich sein, auch wenn es uns unmoralisch erscheint? Wenn es dennoch verbindlich ist, bedeutet das, dass seine Verbindlichkeit von der Verbindlichkeit der Moral verschieden ist?

Die Bedeutung der Rechtsgeltung lässt sich ausgehend von der Begründung moralischer Urteile rekonstruieren. Die folgenden Ausführungen beruhen auf dieser Prämisse.

§ 2. Moralisches Begründen

Ein guter Mensch ist darauf eingestellt, moralisch zu handeln. Moralisch handelt, wer sein Verhalten anderen gegenüber rechtfertigen kann. Die dafür relevanten Gründe lassen das Verhalten als gerechtfertigt erscheinen.

Wenn man darauf achtet, welche Gründe eine solche Rechtfertigung zu tragen vermögen, entdeckt man, dass sie implizit eine Verallgemeinerung – eine Universalisierung – anstellen oder diese zumindest voraussetzen. Man begründet etwas moralisch, indem man verallgemeinert.

Elementare Formen der Verallgemeinerung begegnen einem etwa in der Behauptung, dass man bloß tue, was alle anderen täten; oder dass man das Verhalten des anderen nur spiegele (»Wie du mir, so ich dir«). In beiden Fällen wird implizit auf die Idee vorgegriffen, dass jeder nach derselben Regel handeln dürfe (»Du hast mit deinem Verhalten die Regel vorgegeben, die ich jetzt auf dich anwende«).

Beim Verallgemeinern sieht man von seiner individuellen Besonderheit ab. Was auch immer man tut, man muss es aus einer Sicht rechtfertigen, aus der man sich als jeder oder jede Beliebige(r) darstellt. Man muss sich als eine beliebige Person unter anderen präsentieren. Man spricht also aus der Perspektive irgendeines vernünftigen Wesens. Solche Wesen lassen sich durch den Appell an Gründe zum Handeln bewegen. Wenn ein Vater beteuert, dass er sich um seine kranke Tochter kümmern müsse und deswegen einen beruflichen Termin nicht wahrnehmen könne, setzt er zum Zweck der Rechtfertigung implizit voraus, dass jede Person in seiner Situation so handeln müsste. Er setzt zur Rechtfertigung seines Verhaltens einen Grundsatz voraus, der etwa besagt, dass die Pflicht der Eltern, sich um kranke Kinder zu kümmern, der Wahrnehmung beruflicher Verpflichtungen vorgehe.

Zum Zweck der Verallgemeinerung »erlischt« die individuelle Besonderheit der Person insofern, als diese Besonderheit *allein* keine Ausnahme begründen kann (»Aber ich bin doch ich!«). Wer etwa von anderen erwartet, dass sie ihrer Steuerpflicht nachkommen, während er sich davon ausnimmt, weil er seinen Interessen Vorrang vor denen der anderen einräumt, ist unverschämt. Hier fehlt der verallgemeinerungsfähige Grund.

§ 3. Der kategorische Imperativ

Die Voraussetzungen der Verallgemeinerung lassen sich anhand einer berühmten Ausformulierung dieses Prinzips näher erläutern. Sie stammt von Immanuel Kant (1724–1804).

Kant nennt dieses Prinzip den *kategorischen Imperativ*. Dieser gebietet nicht bloß hypothetisch im Hinblick auf ein gewisses Ziel.

Hypothetische Imperative fordern, dass man, wenn man ein Ziel wolle, auch die Mittel wollen müsse (»Wenn du ein Eis essen willst, dann musst du dir eines kaufen«).

Ein kategorischer Imperativ gebietet hingegen unabhängig von einer bestimmten Zielsetzung. Welches Ziel auch immer man verfolgen mag, das Verhalten muss diesem Gebot genügen. Der Imperativ gebietet, ohne durch das Wollen eines Ziels bedingt zu sein, und ist insofern unbedingt.

Kant drückt den kategorischen Imperativ unter anderem folgendermaßen aus:

> Handle nur nach der Maxime, durch die du zugleich wollen kannst, dass sie ein allgemeines Gesetz werde. (*Grundlegung zur Metaphysik der Sitten*, BA 17)

§ 4. Widerspruchsfreiheit

Der kategorische Imperativ fordert, dass der eigene Handlungsplan einer allgemein gültigen Regel zu genügen hat. Dies schließt ein, dass man sich selbst von der Anwendung dieser Regel nicht ausnimmt. Das Verhalten muss insofern frei von »Widerspruch« zur Regel sein.

Wegen des Verbots, für sich selbst keine Ausnahme vorzusehen, unterscheidet Kant zwei Formen des Widerspruchs. Man bezeichnet sie als »Denkwiderspruch« und »Willenswiderspruch«.

Bei einem Denkwiderspruch ist ein Handlungsplan insofern »in sich widersprüchlich«, als die allgemeine Ausführung des Plans den Erfolg des eigenen Plans vereiteln würde. Wenn jeder so handeln würde, ließe sich das Ziel nicht mehr erreichen. Jemand plant, eine Sache zur Verwahrung anzunehmen, aber nicht mehr herauszugeben. Wenn jeder wüsste, dass niemand verwahrte Sachen zurückgibt, würde die Praxis des Verwahrens aufhören. Man könnte seinen Plan, eine verwahrte Sache zu unterschlagen, nicht mehr durchführen, weil man nichts zum Verwahren erhielte.

In einen Willenswiderspruch verwickelt man sich, wenn man anderen etwas zumutet oder ihnen etwas abverlangt, das man selbst zu ertragen oder zu geben nicht bereit ist. Wer notleidenden Menschen nicht hilft und dennoch Hilfe erwartet, wenn er in Not gerät, verstrickt sich in diese Art von Widerspruch.

Am Willenswiderspruch wird deutlich, dass die Verallgemeinerung egozentrisch geprägt sein kann. Ein hartherziger Mensch kann nach der Regel leben, niemanden, der in Not ist, zu unterstützen. Er hat allerdings in Kauf zu nehmen, keine Hilfe erwarten zu dürfen, wenn er selbst in Not gerät.

Diese potenzielle Egozentrik der Verallgemeinerung hat Kant an der Goldenen Regel kritisiert. Die Goldene Regel besagt:

Was du nicht willst, das man dir tu, das füge auch keinem anderen zu!

Aufgrund dieser Regel könnte eine Person, die sich gern peinigen lässt, einen moralischen Freibrief zum Peinigen anderer erhalten. Aber das dünkt uns falsch. Folglich kann die Widerspruchsfreiheit keine *hinreichende* Bedingung für die Verallgemeinerung sein. Ihr Erfolg hängt auch davon ab, ob verallgemeinerungsfähige Ziele verfolgt werden.

§ 5. Der objektive Zweck

Die Verallgemeinerung muss durch ein gutes Ziel vermittelt werden. Es verleiht ihr Gehalt.

Wir dürfen anderen unsere Ziele nicht einfach auferlegen. Täten wir dies, würden wir nicht respektieren, dass sie frei sind, sich ihre Ziele selbst zu wählen. Meine Bereitschaft, mich quälen zu lassen, gibt mir keinen Freibrief, andere zu quälen. Ich kann nicht unterstellen, dass alle vorhaben, Peinigungen ertragen zu wollen.

Dass jede Verpflichtung – auch die Verpflichtung, Ziele zu verfolgen – auf freier Zustimmung beruhen können muss, ist also auch für jede Verallgemeinerung vorausgesetzt. Das moralische Begründen setzt voraus, dass die Menschen *frei* sind.

In der Gedankenwelt Kants stellen Wesen, denen es freisteht, sich die Ziele oder Zwecke ihres Handelns selbst auszuwählen, einen »Zweck an sich selbst« dar. *Dass* sie frei wählen, ist keiner Rechtfertigung bedürftig; *was* sie wählen, hingegen schon.

Zwecke sind für Menschen deswegen verbindlich, weil sie es wert sind, verfolgt zu werden. Wenn aber Zwecke (oder Ziele) aufgrund von individuellen Wertschätzungen gewählt werden, ist ihr Wert *subjektiv*. Sie sind von Wert für jene Menschen, die sie für gut *halten*. Ihr Wert *für andere* kann daher nicht aus den

Zwecken selbst kommen. Wäre dem so, dann dürfte ich sie ihnen entgegen ihrer mangelnden Einsicht auferlegen (»Du wirst sehen, Peinigung ist gut für dich, und auch wenn du es nicht einsiehst, ist es so«). Also sind Zwecke es nur dann wert, verfolgt zu werden, wenn sie von einer subjektiven Einsicht in ihren Wert getragen sind. Der Wert von Zielen ist durch die freie Einsicht in diesen Wert bedingt.

Nun ist nicht einzusehen, wie durch die Wahl von Zwecken *allein* diesen ein Wert verliehen werden könnte. Wenn ein Zufallsgenerator Zwecke auswählte, wären sie ohne Wert. Wertvoll können Zwecke vielmehr nur unter der Bedingung sein, dass deren Auswahl aufgrund von subjektiver Einsicht selbst ein wertvoller Zweck ist. Motorradfahren ist für viele ein fragwürdiges Vergnügen. Wertvoll ist es, weil ihm Menschen nachgehen, deren wertschätzendes Auswählen von Zielen selbst ein Wert ist. Der Wert von Zielen erweist sich damit als eine Folge des Werts der individuellen Freiheit. Sie ist eine notwendige Bedingung für den Wert aller subjektiven Zwecksetzungen. Wäre sie nicht von Wert, wäre nichts von Wert.

Aus dieser Sicht gibt es keinen objektiven Zweck außer einen. Dieser ist die Freiheit der Menschen, den Wert von Zielen freiwillig anzuerkennen. Jeder, der Zwecke anerkennt, setzt immer schon voraus, dass sein freiwilliges Anerkennen ein Zweck ist, der keiner weiteren Wertschätzung bedarf. Diese ist immer schon vorhanden. Die Freiheit erweist sich als ein Zweck, den jeder haben muss, weil er die Voraussetzung für den Wert aller anderen Zwecke ist. Sie ist ein Zweck, der, weil ihn jeder haben *muss*, als der Zweck eines jeden anzuerkennen ist. Als freies Wesen muss man seine Freiheit und die Freiheit der anderen zum Zweck haben, weil sie die Quelle des Werts aller anderen Zwecke ist. Als ein freies Wesen ist man ein »Zweck an sich selbst«.

Der kategorische Imperativ kann also diesen einen objektiven Zweck voraussetzen. Ohne ihn bliebe seine Anwendung so egozentrisch wie die Goldene Regel. Dieser objektive Zweck ist die Autonomie der Menschen. Verallgemeinerungsfähig sind Gründe daher dann, wenn sie nicht dem objektiven Zweck zuwiderlaufen, Menschen als Wesen zu achten, die sich ihre Zwecke selbst setzen können.

Der kategorische Imperativ kennt wohl deswegen noch diese berühmte weitere Formulierung (ebd., BA 67):

> Handle so, dass du die Menschheit, sowohl in deiner Person, als in der Person eines jeden anderen, jederzeit zugleich als Zweck, niemals bloß als Mittel brauchest.

Mit dem Freibrief zum Peinigen ist es also nichts. Zumindest dürften Menschen nicht ohne ihre Zustimmung sado-masochistischen Praktiken unterworfen werden. Deswegen darf man nach Kant in einer Notsituation anderen gegenüber auch nicht gleichgültig bleiben. Das Dasein der anderen freien Wesen ist ein Zweck, zu dessen Realisierung man beizutragen hat.

§ 6. Sittlichkeit

Der Grundsatz, wonach niemand niemals als bloßes Mittel, sondern immer auch als Zweck an sich selbst zu behandeln ist, klingt erhaben. Aber er bietet kaum Orientierung. Er hilft vor allem dann nicht weiter, wenn die Zweckverfolgung des einen die Zweckverfolgung der anderen beeinträchtigt.

Anton liebt es, in seiner Wohnung regelmäßig die Posaune zu blasen. Wegen des Geräuschs ist es Kurt unmöglich, sich auf seine mathematischen Beweise zu konzentrieren. Es verhält sich nicht so, dass Kurt durch Anton zum Mittel seines Posaunenspiels gemacht wird. Anton erschwert Kurt bloß die Erreichung seiner mathematischen Beweisziele. Die zwei Stunden am Tag, die Anton darauf verwendet, sein Blechblasinstrument zu bewegen, sind für Kurt verlorene Stunden. Anton lässt Kurt nach wie vor Raum zur freien Entfaltung, aber es ist weniger Raum, als Kurt haben möchte. Die Frage ist, ob Anton seine äußere Freiheit auf Kosten der Freiheit von Kurt genießt. Wer glaubt, dass dies der Fall ist, mag Anton das Posaunenspiel verbieten wollen. Aber dann würde Anton seine Freiheit genommen werden.

Wie kann man in einer solchen Situation verallgemeinern? Wenn man von Kant ein wenig abweicht, lässt sich behaupten, dass die Verallgemeinerung zu gelingen vermag, wenn ein Konsens über die relative Wichtigkeit der Ziele besteht. Das laute Musizieren in der Wohnung kollidiert mit der ruhigen geistigen Arbeit. Es ist denkbar, dass in einer Gesellschaft Einigkeit darüber besteht, welche Aktivität Vorrang vor der anderen genießen darf. Es wäre dies die Einigkeit darüber, was besser als das andere ist.

Wenn wir uns über das, was wir für gut halten, einig sind, sind wir sittlich integriert. G. W. F. Hegel (1770–1831) hat Sittlichkeit so verstanden. Der Begriff der Sittlichkeit steht für das gemeinsam geteilte und praktizierte Einverständnis über die Wichtigkeit von Werten oder Zielen. »Sittlichkeit« kommt von »Sitte«. Sie erhält ihre Stärke aus dem praktisch bewährten, wechselseitigen Bestärken in dem, was wir gemeinsam für richtig halten.

Allerdings sind wir nur in sehr eingeschränktem Umfang sittlich integriert. Wir sind oft unterschiedlicher Meinung.

§ 7. Legitime Auffassungsunterschiede

Der Betrieb von Motorrädern der Marke Harley Davidson verursacht ein nicht unerhebliches Geräusch. Wer das Geräusch in Kauf nimmt, weil er den unschätzbaren Wert des »Harley-Fahrens« erkannt hat, gehört zur sittlich integrierten Gemeinschaft der Harley-Fans.

Harley-Fans halten »laut« für gut.

Aber nicht alle Menschen sind Harley-Fans. Die meisten wollen ihre Ruhe haben.

Das nächtliche Harley-Fahren ließe sich verallgemeinern, wenn und weil Harley-Fahrer selbst bereit wären, durch andere Harley-Fahrer aus dem Schlaf gerissen zu werden. Für sie ist das Geräusch himmlische Musik. Ihre Verallgemeinerung wäre unter der Bedingung nicht egozentrisch (»Ja, *ich* hab' kein Problem damit«), dass sie bereit wären, andere als Zwecke an sich selbst zu achten und also Raum für ihre Zwecksetzung zu lassen. Wenn andere schlafen wollten, könnten sie das getrost tun, aber vielleicht erst ab 00:00 Uhr. Bis dahin dürfte gebraust werden. Daran müssten sie sich gewöhnen. Oder sollten Harley-Fahrer am Abend mit dem Taxi nach Hause fahren müssen?

Ein Auffassungsunterschied darüber, wie die Freiheitssphären zwischen Harley-Fans und denjenigen, die das Motorgeräusch einer »Harley« für die Mutter aller Zumutungen halten, abzugrenzen sind, kann ein Anwendungsfall eines legitimen oder vernünftigen Auffassungsunterschieds (*reasonable disagreement*) sein. Es gibt Argumente dafür, das Harley-Fahren ab 22:00 Uhr oder ab 00:00 Uhr zu verbieten. Ob man von den einen oder den anderen überzeugt ist, hängt davon ab, welches Lebensideal man hat oder woher man kommt. Beide Auffassungen lassen sich inhaltlich verallgemeinern. Beide sind vernünftig. Deswegen wäre es auch unvernünftig, einen auftretenden Dissens zu unterdrücken. Es handelt sich eben um einen legitimen oder vernünftigen Auffassungsunterschied.

Der amerikanische Philosoph John Rawls (1921–2002), dem wir im Wesentlichen diese Begriffsbildung verdanken (allerdings unter dem Titel »burdens of judgment«), erklärt die Existenz solcher Unterschiede aus Gründen für die Bandbreite des menschlichen Urteilens. Sie sind etwa manifest an der unterschiedlichen Deutung von Informationen oder der unterschiedlichen Sozialisation von Personen.

Rawls stellt den Einfluss dieser Faktoren als eine Schwäche dar. Deswegen übersieht er, dass in der Anerkennung von unterschiedlichen Einschätzungen bereits eine moralische Leistung liegt. Denn an sich könnten die Harley-Fans und die anderen voneinander wechselseitig verlangen, den Wert des Verhaltens oder Unterlassens aufgrund von »richtiger« Einsicht anzuerkennen. Sie könnten einfach behaupten: »Wir haben Recht und ihr habt Unrecht«. Damit würden sie aber den anderen nicht als eine Person achten, die zu ihrer eigenen Wertschätzung und zu einem eigenen Urteil fähig ist. Sie müssen die Auffassung der anderen Person respektieren, *obwohl* sie diese letztlich für inhaltlich falsch halten.

§ 8. Unterschied zum Relativismus

Die Anerkennung von legitimen oder vernünftigen Auffassungsunterschieden darf nicht mit einem Bekenntnis zum moralischen Relativismus verwechselt werden.

Aus relativistischer Sicht gelten die eigenen moralischen Überzeugungen so, als wären sie absolut. Ein Nachgeben gegenüber anderen kann es nicht geben, denn jedes einsichtige Nachgeben würde über den Relativismus hinausführen. Moralische Relativisten müssen vielmehr bestrebt sein, ihre Auffassungen mit allen Mitteln durchzusetzen. Was sie glauben, dünkt ihnen als richtig, und da moralische Argumente letztlich nichts vermögen, bleibt bloß der Kampf.

Wer hingegen sein moralisches Überzeugtsein als ein mögliches unter anderen sieht und damit *suspendiert*, hat dem *Fak-*

tum, dass andere anderes glauben, bereits moralische Relevanz zuerkannt. Er hat sich über seinen relativen Standpunkt erhoben und sieht gleichsam »von oben« auf diesen herab. Wenn man anderen ebenfalls zumutet, die Existenz von unterschiedlichen Auffassungen zu respektieren, weil dies zu tun ein Ausdruck der Achtung der Urteilskraft anderer ist, vertritt man bereits eine nicht-relativistische Position. Die vorgeblichen Relativisten teilen einen »absoluten« Standpunkt wechselseitigen Respekts.

Moralische Skeptiker halten hingegen jegliche moralische Überzeugung für grundlos (also nicht bloß, wie Relativisten, als begründet relativ zu einem bestimmten Standpunkt – dem Standpunkt »der« Katholikin, »des« Moslems, »der« Grünen, »des« Schwarzen, »der« Rechtspopulistin etc.). Sie können vernünftige Auffassungsunterschiede nicht anerkennen, weil es aus ihrer Sicht dafür überhaupt keinen moralischen Grund gibt.

§ 9. Freiheit, Gleichheit und Gegenseitigkeit

In der Erfahrung von vernünftigen Auffassungsunterschieden anerkennen wir, dass jede Person ihr Urteil für richtig halten darf. Wir entdecken damit, dass wir uns als frei verstehen, denn wir gehen davon aus, dass jeder und jede aufgrund seiner und ihrer eigenen moralischen Einsicht handeln darf. Die Gründe, die über die moralische Richtigkeit den Ausschlag geben, bestimmen wir selbst.

Wir erfahren aber auch, dass wir uns als gleich verstehen. Unter dem Vorzeichen eines vernünftigen Auffassungsunterschieds sieht die urteilende Person sich als eine Person unter anderen. Sie versetzt sich hypothetisch in deren Position und realisiert, dass sie mangels zwingender Argumente auch anders urteilen könnte. Wer für die Sterbehilfe eintritt, mag durchaus verstehen, dass diese das Risiko in sich birgt, dass kranke Menschen sterben wollen, um ihren Verwandten nicht mehr zur Last zu fallen. Die Person anerkennt das Gegenargument. Sie hält aber die Selbstbestimmung der Kranken für wichtiger als den (bevormundenden) Schutz vor schlecht überlegten Entscheidungen.

Der vernünftige Auffassungsunterschied findet seine Grenze in den normativen Voraussetzungen, auf denen er beruht. Diese sind die Freiheit und die Gleichheit der Menschen (zur Gegenseitigkeit siehe sogleich unten). Moralische Urteile, die voraussetzen oder behaupten, dass einige Menschen minderwertig oder unfrei sind, scheiden als unvernünftig aus. Über Urteile wie etwa jenes, dass die große Masse der Elite zu gehorchen habe, weil sie zu dumm sei, rational zu entscheiden, kann es keinen vernünftigen Dissens geben. Es ist moralisch falsch.

Wenn man genauer hinsieht, entdeckt man, dass mit der Anerkennung des vernünftigen Auffassungsunterschieds zum Urteil in der Sache (»Ich bin für Sterbehilfe, weil ...«) ein weiteres Urteil hinzutritt (»Es ist nicht undenkbar, die Sache auch anders zu sehen«). Dieses weitere Urteil drückt den Respekt vor dem Urteil anderer Personen aus.

Dieser Respekt ist der Schlüssel zur Lösung des Dissensproblems. Sie besteht im Nachgeben gegenüber dem freien Urteil der anderen.

Allerdings kann es sich nicht um ein Nachgeben um jeden Preis handeln. Jede Person wird sich aufs Nachgeben nur unter der Bedingung einlassen, dass alle anderen ebenfalls zum Nachgeben bereit sind.

Es muss Gegenseitigkeit bestehen.

§ 10. Die Antinomie des moralischen Urteils

Mit der Einsicht in die Möglichkeit legitimer Auffassungsunterschiede geschieht also etwas Wundersames. Die Sozialdimension und die Sachdimension des moralischen Urteils treten auseinander.

Die Sozialdimension des Urteils betrifft die Frage, ob es von anderen Menschen geteilt wird. Die Sachdimension betrifft seine inhaltliche Richtigkeit.

Wenn es uns um die Wahrheit geht, also um das, was moralisch richtig ist, dann räumen wir der Sachdimension Vorrang vor der Sozialdimension ein. Wir erwarten, dass alle einsehen, was wir für richtig halten.

Hier verhält es sich umgekehrt. Wir lassen gelten, was andere für wahr halten. In der *Sozial*dimension – also im Verhältnis zu anderen Menschen – wird das Urteil des anderen respektiert und damit implizit einbekannt, dass man als eine Person unter anderen auch andere Werte haben könnte. Das unparteiliche Absehen von sich selbst *erweitert* sich zur Anerkennung des anderen. Zu guter Letzt ist man aus der Sicht der anderen selbst ein anderer.

In der *Sach*dimension, die den Inhalt der eigenen moralischen Überzeugungen betrifft, stellt sich die Sache konträr dar. Aus der Sicht des einen hat der andere Unrecht. Die Urteile werden durch unterschiedliche Wertschätzungen vermittelt, denn die einen schätzen das Motorgeräusch hoch und die Ruhe gering ein, die andern schätzen die Ruhe sehr und das Motorgeräusch überhaupt nicht.

Wir stehen damit vor dem internen Widerstreit des moralischen Urteils (einer »Antinomie«). Die Sozialdimension sagt »ja« zum anderen, und die Sachdimension sagt »nein«.

§ 11. Die Auflösung

Aus der Auflösung dieses Widerstreits besteht das Rechtsverhältnis.

Zur Auflösung hat die Verallgemeinerung die normative Bedingung zu beachten, auf der sie beruht. Es ist dies die gegenseitige Anerkennung als gleiche, frei urteilende Personen.

Unter Bedingungen der Gegenseitigkeit gestattet der eine dem anderen, was der andere ihm einräumt.

Im Fall eines Widerstreits zwischen der Sach- und der Sozialdimension besteht die Gegenseitigkeit allerdings nur in der Sozialdimension. Die Menschen, die unterschiedlicher Auffassung sind, räumen einander wechselseitig ein, an ihren Auffassungen festhalten zu dürfen. Sie geben einander allerdings nicht recht (Sachdimension).

Man gelangt damit zur Feststellung eines legitimen Auffassungsunterschieds. Die Gegenseitigkeit in der Sache (»on the merits«) stellt sich nicht ein (»Ich bin deiner Auffassung, wenn du meiner Auffassung bist« – etwas, das sich nur bei Einverständnis in der Sache einstellt).

Die Gegenseitigkeit *in der Sache* lässt sich nur herstellen, wenn die Wertschätzungen und ihre Begründungen ausgeblendet werden. Solange diese im Vordergrund stehen, sehen die Parteien nicht, was sie gemeinsam wollen. Sie wollen, was sie wollen. Sie wollen *ihr* Wollen. *Darüber* sind sie sich in der Sache einig.

Wenn die Verallgemeinerung dies zu ihrem Inhalt macht, dann verwandeln sich die entgegenstehenden moralischen Forderungen in einen Ausdruck von (unbestimmtem) Wollen. Aus der Forderung der Harley-Fans, das Motorgeräusch als etwas Gutes anzuerkennen, wird ein »Wir wollen das« und aus der Gegenforderung, die Geräuschbelästigung zu unterlassen, das korrespondierende »Wir wollen das nicht«. Die *Begründung* des Wollens oder Nicht-Wollens aus der Sicht einer Wertschätzung entfällt.

Es mag so aussehen, als sei der Konflikt nach wie vor unlösbar. Aber er hat sich bereits verändert. Die Veränderung ist der

Schlüssel zu seiner Auflösung. Das Thema ist nicht mehr der Wert oder Unwert des Motorgeräuschs. Es geht darum, wessen Wollen gelten darf und wer das Wollen des anderen dulden muss.

Die Gegenseitigkeit ist in der Sozialdimension zunächst zirkulär. Der eine wird zu einem Zugeständnis nur bereit sein, wenn der andere ebenfalls ein Zugeständnis macht: »Ich will, was du willst, wenn du willst, was ich will« Diese zirkuläre Gegenseitigkeit bezeichnet der Soziologe Niklas Luhmann (1927–1998) als »doppelte Kontingenz«. Sie lässt sich, wie wir noch sehen werden, überwinden, indem man über die Abgrenzung von Willkürsphären *entscheidet.*

§ 12. Freie Willkür

Die Rechtfertigung des Verhaltens nimmt damit eine andere Gestalt an. Insofern die Wertschätzungen ausgeblendet werden, *präsentiert* sie sich als legitime Ausübung von Willkür. Sie präsentiert sich aber auch als *unbestimmte* Willkür. Ihr Bestimmungsgrund – die Wertschätzung, die sie begründet oder motiviert – ist nicht weiter erheblich.

Die unbestimmte Willkür gilt als frei. Sie kann so, aber auch anders ausfallen. Sie ist – mit Luhmann gesprochen – kontingent. Kontingent ist alles, was weder unmöglich noch notwendig ist. Es kann sein. Aber es muss nicht sein.

Indem die Wertschätzungen ausgeblendet werden, treten die Menschen füreinander als Träger von Willkürfreiheit auf. Sie werden zu Personen; oder, wie Karl Marx (1818–1883) es ausdrückte, zu den »Charaktermasken« ihrer Entscheidungen.

Die Willkürfreiheit ist nichts unmittelbar Gegebenes. Sie ist ein moralisches Konstrukt. Sie ist ein *Produkt* der Auflösung eines internen Widerstreits des moralischen Urteils.

Was wir wollen, wird, wenn es unter dem Vorzeichen der Willkür gesehen wird, als etwas gesehen, das auf keinem anderen Grund beruht als auf dem, *dass* es gewollt wird. Das Wollen wird als ein Faktum verstanden. Es hat sich vom moralischen Begründen gelöst.

Die Frage ist, unter welchen Umständen man sich mit diesem Konstrukt abfinden muss.

II. Das Rechtsverhältnis

§ 13. Willkürsphären

Das Rechtsverhältnis entspringt der antinomischen Verfassung der moralischen Verallgemeinerung.

In der Sozialdimension des moralischen Urteils wird das Urteil des anderen zugelassen. In der Sachdimension wird es verworfen. In dieser Dimension könnte es Übereinstimmung nur geben, wenn inhaltliche Übereinstimmung bestünde. Die kann sich aber nicht einstellen, weil die Menschen unterschiedliche Dinge schätzen oder diese unterschiedlich hoch einschätzen.

Dieser Widerstreit zwischen der Sach- und Sozialdimension wird durch die gegenseitige (und bedingte) Anerkennung eines als unbestimmt auftretenden Wollens aufgelöst. Man stimmt überein, uneinig darüber zu sein, was man will, aber man anerkennt, *dass* jeder etwas wollen darf.

Auch wenn Kant und andere Vertreter der klassischen deutschen Philosophie nicht auf dem hier eingeschlagenen Weg zu diesem Resultat gelangt sind, so basiert Kants Rechtsbegriff auf der gleichen Grundidee. Verallgemeinert werden nicht die Ziele (z.B. »Harley-Fahren« oder Stille), sondern die Willkürsphären, innerhalb derer erlaubte Ziele verfolgt werden dürfen. Deswegen charakterisiert Kant das Recht als den Inbegriff der Bedingungen, unter denen die Willkür des einen mit der Willkür des anderen nach einem allgemeinen Freiheitsgesetz vereinigt werden kann. Ganz ähnlich sieht das auch Johann Gottlieb Fichte (1762–1814):

> Jeder beschränke seine Freiheit, den Umfang seiner freien Handlungen durch den Begriff der Freiheit des anderen, (so dass auch der andere, als überhaupt frei, dabei bestehen könne), ist der Grundsatz aller Rechtsbeurteilung. (*Grundlage des Naturrechts*, hrsg. v. F. Medicus, Hamburg 1979, 111)

§ 14. Grundgüter

Etwas griffiger hat Rawls die Sache gefasst. Das Absehen von individuellen Zielen wird in seiner Theorie vollzogen durch die Verallgemeinerung von Gütern, die jeder braucht, um irgendein persönliches Ziel verfolgen zu können. Was auch immer wir sonst noch machen, wir brauchen ein Dach über dem Kopf; Gewand, das uns kleidet; eine uns genehme Ernährung; einen Broterwerb; die Freiheit zu Rede und Gegenrede; die Freiheit, unser Leben in einer Weltanschauung verankert zu sehen.

Rawls bezeichnet die entsprechenden Güter als »Grundgüter«. Er begreift sie als die verallgemeinerungsfähigen Bedürfnisse der Menschen.

Im Grunde spielen bei Rawls die Grundgüter dieselbe Rolle wie die Willkürsphären bei Kant und Fichte. Es handelt sich um etwas, worüber wir uns gegenseitig einig sind, weil es für alle gleichermaßen die individuelle Wahlfreiheit ermöglicht. Es kommt nicht von ungefähr, dass bei Rawls die Grundfreiheiten zu den Grundgütern gehören wie etwa die Meinungsfreiheit oder die Religionsfreiheit. Sie sind Beispiele für Willkürsphären.

An der Religionsfreiheit wird übrigens deutlich, dass die Willkür bloß das *soziale Antlitz* unserer Freiheit ist. Denn eigentlich wäre es in vielen Fällen wohl angemessener, aus der Sicht einer religiösen Person von der »Religionsnotwendigkeit« zu sprechen. Es wäre seltsam, wenn eine religiöse Person von sich behauptete, sie habe ihren Glauben gewählt wie ein paar Schuhe oder einen Caffè Latte. Was nach außen als Freiheit erscheint, kann sich von innen betrachtet als notwendig darstellen.

§ 15. Das äußere Verhältnis

In einem Rechtsverhältnis ist es uns entweder erlaubt, etwas zu wollen, oder es verleiht uns die Macht, etwas einzufordern oder anzuordnen. Das bedeutet, dass wir Rechte haben, insofern wir Träger von Willkürfreiheit sind. Umgekehrt hat jede Person, die in einem Rechtsverhältnis steht, in der Regel Pflichten, denen die Rechte anderer entsprechen (siehe dazu im nächsten Kapitel).

Dieses Verhältnis der Menschen zueinander ist ein »äußeres«. Durch die Ausübung von Rechten stellen die Menschen einander vor vollendete Tatsachen. Sie verändern die Handlungsumstände für andere. Ein Vermieter, der den Mietvertrag kündigt, greift in die Lebenssituation des Mieters ein. Das Rechtsverhältnis endet. Der Mieter muss sich eine andere Bleibe suchen. Ein besser qualifizierter Bewerber sticht seine Konkurrentinnen aus dem Feld, selbst wenn diese den Job dringender benötigen würden. Er darf dazu beitragen, dass sie mit der Tatsache konfrontiert sind, keinen Job zu haben.

Das Verhältnis ist kein »inneres«. Es basiert nicht darauf, dass sich Menschen mit anderen gemeinsam über Handlungspläne verständigen. Im Rechtsverhältnis begegnen die Menschen einander als Fremde. Das Recht ist nichts Liebes. Jede Anrufung des

Rechts führt Kälte und Unvertrautheit auch noch in die vertrautesten Beziehungen ein. Aus Romeo und Julia werden »der Ehegatte« und »die Ehegattin«, wenn es bei der Scheidung um die Aufteilung des ehelichen Gebrauchsvermögens und der Ersparnisse geht. Die soziale Wärme verflüchtigt sich. Die Menschen verschwinden hinter der Maske des rechtlich vertypten Personseins (»der Käufer«, »die Eigentümerin«).

§ 16. Widerwilliges Wollen

Indem wir es gegenseitig zulassen, durch das Wollen der anderen und nicht durch die uns einleuchtenden Gründe bewegt zu werden, lassen wir in einem Rechtsverhältnis die *inhaltliche* Fremdbestimmung zu. Wir machen uns zu Empfängern von Befehlen oder lassen uns vor vollendete Tatsachen stellen. Für uns gilt dann, was andere festgelegt haben.

Die Rechtsgeltung beruht auf einem Geltenlassen. Es enthält sich der inhaltlichen Stellungnahme zum Geltungsanspruch des Wollens.

Wegen des Auseinandertretens der Sach- und der Sozialdimension des moralischen Urteils (siehe oben S. 26 f.) akzeptieren wir, was das Recht von uns fordert, *grundsätzlich* widerwillig. Wir geben einer selbstauferlegten Wollensnotwendigkeit nach. Zumindest müssen wir immer damit rechnen, etwas tun oder unterlassen zu müssen, das wir uns eigentlich nicht wünschen.

In der Sozialdimension sehen wir ein, dass wir auf der Ebene des Rechtsverhältnisses den Willen der anderen beschränkt gelten lassen müssen. Insofern ist Selbstbestimmung möglich. Inhaltlich sind wir aber prinzipiell fremdbestimmt. Das Wollen der anderen ist nicht unser eigenes. Im Recht kann uns immer die »verfehlte Ansicht« oder rücksichtslose Interessendurchsetzung unserer Mitbürgerinnen begegnen. Das gilt für die Forderungen, die Einzelne an uns richten, ebenso wie für die Gesetzgebung und andere politische Entscheidungen. Das Harley-Fahren wird erlaubt. Die Ruhebedürftigen müssen es ertragen.

Einem widerwilligen Wollen wird nichts angetan, wenn es einem Zwang gehorchen muss. Jede Willensbildung unter Androhung eines Übels ist widerwillig. Es ist mit dem Rechtsverhältnis also völlig vereinbar, den »zwanglosen Zwang des besseren Arguments« (Jürgen Habermas) durch den Zwang einer Sanktionsdrohung zu ersetzen. Es darf gezwungen werden. Es muss sogar gezwungen werden. Sonst gäbe es die äußere Freiheit bloß für den, dem man nichts anhaben kann.

Mit dem Zwang tritt die im Rechtsverhältnis enthaltene inhaltliche Fremdbestimmung hervor. Zwar beruht dieses Verhältnis auf der Anerkennung des Wollens, aber wenn man dieses Wollen aus der Sicht des Widerstreits betrachtet, der dieser Anerkennung vorangeht, gehorcht man einem fremden Willen, wenn man dulden oder tun muss, was einem unrichtig erscheint. Die sachlichen Gründe überzeugen nicht. Man handelt nicht aus moralischer Einsicht. Nicht durch die richtigen Gründe bewegt zu werden ist eine wesentliche Komponente des Gezwungenwerdens. Wir werden darauf zurückkommen (siehe unten § 47).

§ 17. Die Bestimmung von Rechten

Die Auflösung der Antinomie des moralischen Urteils beruht auf der gegenseitigen Einräumung von Willkürfreiheit. Der eine konzediert dem anderen, dass er etwas wollen darf, unabhängig davon, worin das Wollen begründet ist.

Aber wer darf in welchem Bereich was wollen? Wie sind die Willkürsphären ein- und aufzuteilen?

Auf einer abstrakten Ebene lässt sich das Problem der Abgrenzung von Willkürsphären *scheinbar* zufriedenstellend lösen. Man erstellt einen allgemeinen Katalog von Rechten (»Grundgütern«). Aber damit kann es sein Bewenden nicht haben. Die Antinomie des moralischen Urteils kehrt bei der Bestimmung des sachlichen Umfangs von Rechten wieder. So mag sich die Frage stellen, was vom Eigentumsrecht umfasst ist. Soll es möglich sein, Eigentum an anderen Personen zu erwerben, vielleicht bloß auf begrenzte Zeit, um für diese Zeit über sie beinahe schrankenlos verfügen zu können? Das Common Law kannte das Institut der »indentured servitude«, das vielen die Einwanderung nach Amerika ermöglicht hat.

Von konkreten Zielen lässt sich bei der Verallgemeinerung nur so lange absehen, als es um die allgemeine Garantie von gleichen Rechten geht. Die solcherart verallgemeinerte Freiheit begegnet uns in Grundrechtskatalogen. Sobald Rechte in konkreten Situationen miteinander kollidieren, ist zu entscheiden, ob etwa die Freiheit, sich anderen gegenüber beleidigend zu äußern, von größerem Gewicht ist als der Schutz der Ehre von Personen. Zur Beantwortung dieser Frage kann man nicht auf der von Kant und Fichte bevorzugten Abstraktionsebene verweilen. Welcher Alternative man den Vorzug gibt, hängt von konkreten Wertschätzungen ab. Sie werden kontrovers beurteilt.

Die nähere Bestimmung des Umfangs von Rechten und Pflichten fällt also aus der Moral nicht heraus. Sie kann dies schon deshalb nicht, weil die Moral von uns fordert, alles, was wir tun, mit gutem Grund zu tun. Allerdings muss die Festlegung von Rechten und Pflichten letztlich mit legitimen und vernünftigen Auffassungsunterschieden rechnen. Also muss sie selbst *auch* den Schritt ins Rechtverhältnis vollziehen. Die Gestaltung des Rechtsverhältnisses hat einem Rechtsverhältnis zu entspringen. Die Abgrenzung von Rechten und Pflichten – die Determinierung von Willkürsphären – hat auf etwas zu beruhen, das vernünftig ist, wenn zureichende verallgemeinerungsfähige Gründe nicht vorhanden oder personenrelativ gebrochen sind. Dieses Vernünftige ist das Entscheiden.

Wo man nicht weiter weiß, muss man entscheiden.

§ 18. Die Entscheidung

Entscheidungen befreien von der lähmenden Wirkung unzureichender oder miteinander unvereinbarer Gründe, wenn und insoweit eine solche Befreiung als wünschenswert gilt. Das Entscheiden wird dann als wünschenswert erscheinen, wenn das geregelte Zusammenwirken oder koordinierte Verhalten für alle vorteilhafter ist, als unverrichteter Dinge auseinanderzugehen.

So wie die Einräumung von Willkürsphären die Verallgemeinerung vertritt, wo die gemeinsam geteilte Wertschätzung von Zielen fehlt, ermöglicht es die Entscheidung, die Abgrenzung solcher Sphären zu vollziehen, wo eine solche Abgrenzung kontrovers bleiben muss. Die individuelle Willkür ersetzt das Einverständnis über den Wert von Zielen durch Freiheit. Die hoheitliche Entscheidung ersetzt die denkbare spontane Ordnung von Willkürsphären durch eine Anordnung. Wenn jemand seine Redefreiheit dazu verwendet, um Angehörige bestimmter ethnischer Gruppen der Gewalttätigkeit zu bezichtigen, dann ist das Ausdruck seiner Willkürfreiheit. Die Gesetzgebung mag freilich anordnen, den Umfang der Redefreiheit – diese Willkürsphäre – so einzuschränken, dass solche Bezichtigungen verboten sind.

Es ist vernünftig, etwas zu entscheiden, wenn es wichtiger ist, eine allgemein geltende Regel statt keiner Regel zu haben. Jeremy Waldron (*1953) spricht in diesem Zusammenhang von den *circumstances of politics.* Diese sind »the felt need among the members of a certain group for a common framework or decision or course of action on some matter« und das »reasonable disagreement« darüber, was dies sein soll (*Law and Disagreement*, Oxford 1999, 102).

Alles Recht muss positives Recht sein. Alles Recht hat eine Rechtsquelle zu haben.

Das impliziert nicht, dass alles – jedweder Inhalt – positives Recht sein kann.

Es impliziert gleichwohl, dass die Entscheidung getroffen wird, um Klarheit und Orientierung zu schaffen. Deswegen müssen Entscheidungen auch durchsetzbar sein.

§ 19. Richtiges Recht

Jede Entscheidung muss dennoch den formalen Bedingungen der Sozialdimension des moralischen Urteils genügen. Deswegen stellen sich die Fragen nach der *Richtigkeit des Rechts* als Fragen der Freiheit, der Gleichheit und der Gegenseitigkeit.

Die wiederkehrenden Fragen der »Rechtsethik« sind daher diese: Schränkt das Recht uns zu sehr ein oder versagt es uns Möglichkeiten? Welche Ungleichbehandlung ist gerechtfertigt? Welchen Ausgleich muss es für Belastungen geben?

Das Recht hat den Bedingungen gegenseitiger, gleicher Freiheit zu genügen. Ob diese Bedingungen erfüllt sind, ist eine inhaltliche moralische Frage (Sachdimension). Allerdings ist zu ihrer Beantwortung selbst wiederum auf die Form des Rechts zu rekurrieren.

Obwohl das Urteil darüber, ob eine Rechtsnorm der Bedingung gegenseitiger gleicher Freiheit genügt, inhaltlicher Art ist, muss seine Geltung durch eine Entscheidung vermittelt werden.

§ 20. Die Funktion der Verfassung

Deswegen kann das positive Recht, wenn überhaupt, nur aufgrund seiner *Verfassung* gewährleisten, dass die rechtsetzenden

Entscheidungen den Bedingungen von Freiheit, Gleichheit und Gegenseitigkeit genügen.

Die Verfassung ist positives Recht. Sie regelt die Rechtserzeugung. Das Recht erzeugt sich, programmiert sich und kontrolliert sich selbst. Es versetzt sich somit in die Lage, intern zu beurteilen, ob es inhaltlich den Prinzipien seiner Form (Freiheit, Gleichheit, Gegenseitigkeit) genügt.

Die Verfassung ist die Antwort auf die Frage, wie legitimes Recht angesichts moralischer Auffassungsunterschiede möglich ist. Sie räumt ein, dass bei der Bestimmung der Bedingungen dieser Legitimität auch wieder mit Auffassungsunterschieden zu rechnen ist.

Das gilt insbesondere für die Kernfrage, wo die Grenzen für den vernünftigen Dissens zu ziehen sind. Auch diese Frage ist notorisch kontrovers.

Wer gegen die Todesstrafe ist, mag zugestehen, dass es auch Pro-Argumente gibt, und bereit sein, die politische Entscheidung über die Wahl dieser Sanktion der einfachen Mehrheit zu überlassen. Ein anderer mag darüber entsetzt sein, dass solcherart der Unvernunft Tür und Tor geöffnet würde, und dafür eintreten, die Todesstrafe verfassungsrechtlich zu verbieten.

Es ist also damit zu rechnen, dass die Bestimmung des Bereichs der vernünftigen Auffassungsunterschiede selbst in diesen Bereich fällt. Über den Umfang des Bereichs, innerhalb dessen legitimerweise entschieden werden darf, muss also selbst wieder entschieden werden. Die Kompetenzen zur politischen Entscheidung sind durch eine weitere politische Entscheidung festzulegen. Diese ist allerdings von vergleichsweise grundlegenderer Bedeutung als andere. Das kommt in den formalen Eigenschaften des Verfassungsrechts zum Ausdruck (qualifizierte Mehrheiten, höhere Bestandskraft).

Es ist daher nicht weiter überraschend, dass eine Verfassung bestimmt, wovon, wenigstens solange die Verfassung gilt, der normale politische Prozess nicht abweichen darf, weil darüber nur eine Auffassung gelten darf. Deswegen ist der erste Satz des Bonner Grundgesetzes (»Die Würde des Menschen ist unantastbar«) nicht nur inhaltlich wichtig. Er ist auch eine Demonstration der Funktion der Verfassung.

Die letzte Entscheidungsbefugnis lässt sich durch die verfassungsrechtliche Festlegung von Kompetenzen nicht einholen. Die historisch erste Verfassung ist de facto in Kraft getreten. Deswegen muss alles positive Recht immer in dem *Verdacht* stehen, bloß ein Ausfluss des »Rechts« des Stärkeren zu sein.

§ 21. Das Problem des Naturrechts

Die Rechtsgeltung entspringt der gegenseitigen Enthaltung vom inhaltlichen moralischen Urteil. Vermöge der Rechtsgeltung finden wir uns abgeschirmt gegenüber dem Urteil anderer, die uns mit ihren eigenen Moralvorstellungen konfrontieren. Das Recht auf den Schwangerschaftsabbruch entlastet, wenn es besteht, Frauen davon, ihr Verhalten gegenüber jenen rechtfertigen zu müssen, die eine Abtreibung aufgrund ihrer Weltanschauung ablehnen. Die Frauen können, wenn sie es wollen, ihren Willen durchsetzen.

Die Unterscheidung zwischen »dem« positiven Recht und »der« Moral geht aus der Auflösung der Antinomie des moralischen Urteils hervor (siehe oben § 11). Alles Recht ist gesetzt. In dieser Beziehung ist es einerlei, ob es sich um eine individuelle Rechtsausübung oder eine hoheitliche Entscheidung handelt. Das positive Recht gilt, weil wir gegenseitig eine durch Entscheidungen vermittelte Rechtsetzung zulassen. Die Antinomie zwischen der Sach- und der Sozialdimension des moralischen Urteils verwandelt sich damit aber in die Schwierigkeit, dass die soziale Geltung des Rechts – die durchsetzbare Entscheidung – von moralischen Maßstäben unabhängig ist. Das oft beklagte Auseinanderfallen von positivem Recht und Gerechtigkeit erklärt sich aus der Herkunft des Rechts aus der Moral. Die Ersetzung der geteilten Ziele durch Willkür und des spontanen Ordnens durch eine Entscheidung bindet das Recht an von Menschen geschaffene soziale Tatsachen. Recht kann nur sein, was faktisch in Erscheinung tritt und sich als soziale Tatsache zu behaupten vermag. Trotz des inneren Zusammenhangs von Rechtsgeltung und moralischem Urteil (siehe oben § 9) tritt der Faktizität des Rechts die Forderung nach Gerechtigkeit *äußerlich* entgegen.

Für das Recht gibt es keine relevante externe moralische Instanz. Das Recht kann seinen eigenen inhaltlichen Maßstäben nur genügen, indem es die Entscheidungsfindung an ihnen ausrichtet. Es muss sie verinnerlichen. Prinzipien des Rechts wie die Gegenseitigkeit, die Gleichheit und die Freiheit müssen *innerhalb* des Rechts berücksichtigt werden. Was sie fordern, muss durch Festlegungen ausbuchstabiert werden. Dazu dient die Verfassung. Durch sie wird über die Grenzen zulässiger Auffassungsunterschiede entschieden.

Man mag einwenden, dass die Abgrenzung zwischen dem vernünftigen und dem unvernünftigen Auffassungsunterschied nicht selbst einer Entscheidung unterliegen darf. Man mag darauf insistieren, dass das positive Recht jedenfalls bestimmte Inhalte haben müsse und es intolerabel wäre, wenn es etwa kein Eigentumsrecht gäbe oder keine persönliche Freiheit.

Wer darauf besteht, dass es einen notwendigen Rechtsinhalt gibt, der nicht durch eine Entscheidung festgelegt werden muss, vertritt eine naturrechtliche Position. Die Form des Rechts (»Ich will, was du willst, weil du es willst«) wird durch die Form der Moral (»Ich will, weil ich weiß, dass das richtig ist«) durchbrochen.

Es gibt allerdings eine Möglichkeit, die inhaltlichen Grenzen des Rechts zu bestimmen, ohne sich auf diesen Formbruch einzulassen. Sie findet sich vorgezeichnet in Gustav Radbruchs (1878–1949) Überlegungen zum »gesetzlichen Unrecht« und in Lon Fullers Skizze der internen Moral des Rechts (siehe dazu *Rechtstheorie zur Einführung*, 71–74).

Radbruchs Intervention hat Berühmtheit erlangt. Sie stellte eine späte Reaktion auf das Recht des Nationalsozialismus dar. Radbruch behauptet, dass manche Gesetze des Dritten Reichs wegen ihres grob ungerechten Inhalts gar kein Recht gewesen seien. Vielmehr habe es sich bei ihnen um »gesetzliches Unrecht« gehandelt. Gesetze, die aufgrund der Rasse diskriminieren, seien ein Beispiel dafür.

Nach Radbruch setzt die Identifikation solchen Unrechts eine Abwägung voraus. Jede Rechtsnorm realisiere vermöge ihrer bloßen Existenz den Wert der Rechtssicherheit. Andererseits beanspruche jede Norm implizit auch den Wert der Gerechtigkeit für sich, deren Kern die Gleichheit sei. Üblicherweise müsse die Abwägung zwischen dem, was uns ungerecht erscheint, und der Rechtssicherheit zugunsten der Letzteren ausgehen. Es gäbe keine Rechtssicherheit, wenn jeder Rechtsanwender nach Lust und Laune Rechtsnormen, die ihm inhaltlich nicht passen, verwerfen könnte. Allerdings erweise sich die Gerechtigkeit von vergleichsweise größerem Gewicht, wenn die Ungerechtigkeit gravierend werde. Zu denken sei an die Autorisierung zur Folter oder die Rechtlosigkeit von Angeklagten im Strafprozess. Wenn die Gerechtigkeit bewusst verleugnet oder unerträglich werde, sei einem Gesetz die Rechtsgeltung abzusprechen.

Gewiss kommt es bei Radbruch auf die Evidenz des Unrechts an. Es geht beim »gesetzlichen Unrecht« um offensichtliche und gravierende Verstöße gegen die Gegenseitigkeit, Freiheit und Gleichheit.

Die Gleichheit, die Freiheit und die Gegenseitigkeit bestimmen die Form des Rechts. Die Rechtsgeltung kann es nur geben, solange diese Prinzipien eine konstitutive Rolle spielen. Ob das der Fall ist, reflektiert sich nicht zuletzt im Inhalt des Rechts. Der Inhalt kann daher ein Indiz dafür sein, dass die Form verloren gegangen ist. Wenn sich Menschen in einer wehrlosen Position befinden und mit ihnen nach Belieben verfahren wird, kann von Recht keine Rede mehr sein. Es handelt sich um eine bloß gewaltsame Unterordnung. Wegen des Inhalts fehlt die Form. Wegen der fehlenden Form fehlt auch die Verfassung. Denn die Form ist der Grund der Verfassung. Das Entscheiden über Entscheidungsbefugnisse ist ohne die Form des Rechts undenkbar. Wenn aber die Verfassung fehlt, ist der interne Erzeugungszusammenhang der vorgeblichen Rechtsnormen unerheblich. Die Rechtsgeltung besteht bloß zum Schein. Man kann sich nicht darauf berufen, dass die Normen »ordnungsgemäß« zustande gekommen sind.

Man kann diese Rekonstruktion der Radbruch'schen These als die »ontologische Perspektive« auf die Rechtsgeltung bezeichnen. Aus ihrer Sicht stellt sich nicht die Frage, ob etwas Recht sein darf; vielmehr geht es darum, ob etwas wirklich – oder bloß zum Schein – Recht ist.

Allerdings muss sich ein negatives ontologisches Urteil zur Qualität eines sozialen Phänomens, das sich als Recht ausgibt, mit der Form des Rechts vermitteln. Andernfalls bliebe es beim vorhin erwähnten naturrechtlichen Bruch mit der Form. Das Urteil muss sich als eine Entscheidung darstellen, allerdings als eine solche, die wie eine Einsicht anmutet. Aus der Sicht des Entscheidens ist eine Einsicht etwas, das von allen unterstützt wird. Die Entscheidung muss für sich in Anspruch nehmen, eine Einheit von Entscheidung und Einsicht zu sein.

Jeder Akt des Widerstands erhebt diesen Anspruch. Er schafft neues Recht und unterstellt, dass alle Vernünftigen dies für richtig halten.

Rechte und Pflichten

III. Die Formen subjektiver Rechte

§ 23. Willkür und Recht

Die Willkürfreiheit ist die Freiheit, etwas zu tun, zu unterlassen oder sogar anzuordnen, ohne umfassenden moralischen Rechtfertigungsanforderungen genügen zu müssen.

Der Genuss dieser Freiheit wird als Ausübung von subjektiven Rechten verstanden. Deswegen haben Rechte – nach weitverbreiteter Auffassung – eine sogenannte peremptorische Wirkung. Wenn eine Person ihr Recht ausübt, dann kann man sie nicht unter Hinweis darauf daran hindern, sie dürfe dies nicht tun, weil es unzweckmäßig, unweise, keck oder unmoralisch sei. Gründe der Klugheit oder der moralischen Rücksichtnahme, die gegen die Rechtsausübung sprechen mögen, sind irrelevant, solange sich jemand im Rahmen dessen bewegt, wozu er oder sie ein Recht hat.

Der im Rechtsverhältnis enthaltene Schritt über das bloße moralische Urteil hinaus bleibt im Begriff des subjektiven Rechts also erhalten. Gleichwohl gilt auch hier, dass die Idee gleicher Rechte moralisch gehaltvoll ist. Moralische Argumente sind für die Abgrenzung von Rechten durchaus relevant, auch wenn sie letztlich in eine Entscheidung münden müssen (siehe dazu im ersten Kapitel).

§ 24. Das Recht auf alles

Welche Rechte haben wir?

Am Ausgang aus der reflexiven Universalisierung sind wir bei einer Situation angelangt, in welcher der eine sein Einräumen oder Nachgeben vom Einräumen oder Nachgeben des anderen abhängig macht: »Ich will, was du willst, wenn du willst, was ich will.«

Dabei sind wir vorläufig stehen geblieben. Das wechselseitig bedingte Einräumen sieht nach einer Pattsituation aus. Indessen gibt es eine Lösung. Sie besteht aus dem Recht auf alles. Dieses lässt sich gegenseitig einräumen. Unter seinem Vorzeichen ist jedem alles erlaubt und nichts verboten oder geboten.

§ 25. Ein Recht auf nichts?

Das Recht auf alles macht seinen berühmten Auftritt in der politischen Philosophie von Thomas Hobbes (1588–1679). Dieses Recht sieht Hobbes in der natürlichen Freiheit der Menschen begründet, ihre eigene Macht zur Erhaltung ihres Lebens nach Belieben zu gebrauchen.

Das Recht auf alles ist das Recht, sich alles zu nehmen, was man nach seinem eigenen Urteil benötigt, also auch, nach Hobbes, »den Körper eines anderen«. Allerdings hat auch jeder andere das gleiche Recht. Folglich ist das Recht auf alles ein Recht, das den Genuss der Güter, in deren Besitz man sich versetzt, nicht garantieren kann. Mein Recht auf alles erlaubt es mir, allen anderen alles wegzunehmen. Ihnen gestattet wiederum ihr gleiches Recht auf alles, dasselbe im Verhältnis zu mir zu tun. Niemand kann sich seiner Güter sicher sein. Jedem darf alles genommen werden.

§ 26. Erlaubnisse bzw. Freiheiten

Man mag einwenden, beim Recht auf alles handle es sich um kein Recht. Aber dem ist nicht so. Es ist bloß kein *Recht auf etwas.* Ein solches Recht würde die Pflicht anderer implizieren, meine Kontrolle über dieses etwas respektieren zu müssen.

Gleichwohl bringt das Recht auf alles die gegenseitige Anerkennung von Willkür zum Ausdruck. Der Starke sagt zum Schwachen »Hol' dir, was dir zusteht, wenn du kannst!«

Es basiert auf der wechselseitig zugestandenen *Erlaubnis*, sich alles nehmen zu dürfen. Die Willkür wird ohne Einschränkung anerkannt. Dem Recht auf alles korrespondiert keine Pflicht, einen einmal entstandenen Besitzstand zu respektieren.

Der amerikanische Rechtstheoretiker Wesley Newcomb Hohfeld (1879–1918) hat die Struktur von Rechten dieser Art hellsichtig unter dem Titel *privilege* analysiert. Im Deutschen können wir sie als »Erlaubnisse« oder als »Freiheiten« bezeichnen. Jemand ist rechtlich frei, etwas zu tun, wenn das Tun weder geboten noch verboten ist. Aber niemand anderer muss darauf verzichten, den Berechtigten an der Ausübung seiner Freiheit *de facto* zu hindern. Jeder Schachspielerin steht es frei, ihre Gegnerin zu besiegen. Aber diese darf das mit fairen Mitteln verhindern und selbst gewinnen.

§ 27. Wettbewerb

Das Recht auf alles ist nicht die einzige Erlaubnis. Das Recht, andere zu schädigen, indem man mit ihnen konkurriert, gehört ebenfalls dazu. Wer Mitbewerber durch bessere Leistungen aus dem Feld schlägt, tut nichts Unerlaubtes. Natürlich dürfen die anderen ihm jederzeit dasselbe antun. Das Common Law spricht in diesem Zusammenhang von einem Schaden, der durch erlaubte wirtschaftliche Konkurrenz entsteht (*damnum absque injuria*).

Allerdings ist es so, dass Erlaubnisse oftmals durch Rechte (auf etwas) *indirekt* geschützt werden. Der Konkurrent darf seinen Mitbewerber weder einsperren noch verprügeln. Diesen indirekten Schutz von Erlaubnissen bezeichnete H. L. A. Hart (1907–1992) als deren *protective perimeter*.

§ 28. Erlaubnisse, Rechte auf etwas, Ermächtigungen und Immunitäten

Mit seinen einschlägigen Analysen hat Hohfeld mehr geleistet, als bloß die Erlaubnis zu analysieren. Er hat die Struktur von Rechtsverhältnissen generell durch die Spiegelung der Position des einen in die Position des anderen charakterisiert.

Wenn jemand ein *Recht auf etwas* hat, dann sind andere ihm gegenüber zu (diesem) Etwas verpflichtet. Mit dem Begriff dieses Rechts (des Rechts im engeren Sinn) ist mitgedacht, dass es dem Rechtsinhaber selbst überlassen bleibt, das Recht gegenüber dem Verpflichteten auch geltend zu machen. Deswegen hat Hans Kelsen (1881–1973) das subjektive Recht als Kompetenz verstanden (als eine »Rechtsmacht«, siehe dazu sogleich unten). Wer ein Recht hat, kann die Erfüllung einer bestehenden Pflicht geltend machen. Der Inhaber des Rechts mag darauf verzichten oder sich verschweigen.

Daraus erklärt sich die Attraktivität der sogenannten »Willenstheorie« der subjektiven Rechte, der üblicherweise die »Interessentheorie« gegenübergestellt wird. Nicht nur verleihen Rechte die Freiheit der Wahl im Rahmen *wenigstens* einer Handlungsalternative (»geltend machen oder nicht?«), sie verleihen auch eine Art Rechtsetzungsbefugnis (»Jetzt wird die Forderung fällig gestellt«, »Jetzt fechte ich die Entscheidung an und initiiere damit ein Verfahren«). Nach der Interessentheorie sind subjektive Rechte in den Interessen und Zwecken begründet, denen sie dienen. Die Willkür ist bloß das Mittel, die Zweckverfolgung zu garantieren. Rudolf von Jhering (1818–1892) spricht das deutlich aus:

> Die Rechte sind nicht dazu da, um die Idee des abstrakten ›Rechtswillens‹ zu verwirklichen, sondern um den Interessen, Bedürfnissen und Zwecken des Verkehrs zu dienen. [...] [D]ie Rechte gewähren nichts Unnützes, der Nutzen, nicht der Wille ist die Substanz des Rechts. (Rudolph von Jhering, *Der Geist des römischen Rechts auf den verschiedenen Stufen seiner Entwicklung*, Bd. 3, 5. Aufl., Leipzig 1906, 338, Hervorhebung getilgt)

Die Kontroverse um die richtige »Theorie« der subjektiven Rechte ist alt. Auf der Seite der Willenstheorie finden sich Vertreter wie Bernhard Windscheid (1817–1892) und John Austin (1790–1851), auf der Seite der Interessentheorie Autoren wie Jeremy Bentham (1748–1832), Rudolph von Jhering und Joseph Raz (*1939).

Das Etwas, zu dem ein Recht einerseits berechtigt und andererseits verpflichtet, ist stets eine Handlung (ein Tun oder ein Unterlassen). Auch mein Recht auf Eigentum verpflichtet nicht die Sache, sondern alle anderen, denen geboten ist, mein Verfügen über die Sache zu achten.

Eine *Kompetenz* ermächtigt dazu, die Rechtsposition anderer (oder die eigene, etwa durch Verzicht) zu verändern. Die Person, deren Rechtsposition durch einen anderen bestimmt werden kann, ist dieser Person im Hinblick auf diese Bestimmungsmöglichkeit *unterworfen*. So übt, wer ein Dauerschuldverhältnis kündigt, ein Gestaltungsrecht aus. Dieses ist eine Kompetenz. Der Vertragspartner, der mit dem Ende des Schuldverhältnisses konfrontiert ist, ist dem Wollen des anderen auf Gedeih und Verderb ausgesetzt. Die Terminologie ist übrigens höchst uneinheitlich (»Rechtsmacht«, »Befugnis«, »rechtliches Können«, »Gestaltungsrecht«). In der Sache geht es aber stets um die Ermächtigung zur Normsetzung.

Eine *Immunität* ist die Freiheit von der Macht anderer, eine Rechtsposition verändern zu können. Die ihr spiegelgleiche Position ist das *Unvermögen*, etwas zu ändern.

Erlaubnis	Recht auf etwas	Kompetenz	Immunität
Kein Recht auf etwas	Pflicht	Unterworfensein	Unvermögen

Mithilfe dieses Schemas lässt sich präzise angeben, was wir jeweils unter einem subjektiven Recht verstehen. So sind Grundrechte über weite Strecken bloße Erlaubnisse. Ich darf jeden Beruf ergreifen. Das bedeutet aber nicht, dass andere nicht mit mir um Positionen konkurrieren dürfen. Grundrechte schließen gleichzeitig eine gewisse Immunität (im Hohfeld'schen Sinn) ein. Ihnen korreliert das Unvermögen der Gesetzgebung oder der Verwaltung, die Rechtsposition des Grundrechtsträgers zu verändern (»Das Eigentum ist unverletzlich«).

Hohfelds Schema lässt sich zu zwei Quadraten zusammenfassen. In ihnen findet man auf der vertikalen Ebene die *jural opposites* und auf der horizontalen Ebene die *jural correlatives*.

Recht auf etwas	⇐ corr ⇒	Pflicht
⇑ opp ⇓		⇑ opp ⇓
Kein Recht auf etwas	⇐ corr ⇒	Erlaubnis

Wie unschwer zu erkennen ist, bedeuten die jeweiligen *opposites* die Negationen der gegenteiligen Positionen. Das Fehlen eines Rechts auf etwas ist eben die Negation dieses Rechts. Die Erlaubnis ist die Negation der Pflicht.

Gebote, Verbote und Erlaubnisse werden auch als *deontische Grundmodalitäten* bezeichnet. Sie lassen sich untereinander definieren. Wenn etwas geboten ist, dann ist das Unterlassen nicht erlaubt. Ein Gebot ist also die Negation der Erlaubnis, etwas zu unterlassen. Wenn etwas verboten ist, dann ist das Verhalten nicht erlaubt. Das Verbot ist die Negation der Erlaubnis, etwas zu tun. Eine freistellende Erlaubnis ist die Negation eines Gebots und Verbots. Grundsätzlich wäre es mit der Erlaubnis des Unterlassens vereinbar, ein Verhalten zu verbieten. Grundsätzlich wäre es mit der Erlaubnis des Tuns vereinbar, ein Verhalten zu gebieten.

Bei den Korrelativen handelt es sich um konverse Relationen. Robert Alexy erläutert die konverse Relation wie folgt:

> Wenn a Lehrer von b ist, dann ist b Schüler von a und umgekehrt. (*Theorie der Grundrechte*, Baden-Baden 1985, 190)

Die Rechtssituation lässt sich stets auch aus der Perspektive der anderen beteiligten Person beschreiben.

Kompetenz	⇐ corr ⇒	Unterworfensein
⇑ opp ⇓		⇑ opp ⇓
Unvermögen	⇐ corr ⇒	Immunität

In diesem Sinne lässt sich sagen, dass eine Erlaubnis dann vorliegt, wenn niemand ein Recht hat, das Verhalten zu verlangen. Ein Recht auf etwas ist schlicht eine Pflicht, dargestellt aus der Perspektive derjenigen Person, der sie geschuldet wird.

§ 29. Unsinnsvermeidung

Hohfeld wird gemeinhin zu den Vertretern des amerikanischen Rechtsrealismus gezählt. Diese Strömung hat von den 1920er bis zu den 1940er Jahren den damals etablierten deduktiven juristischen Denkstil zutiefst erschüttert. Dieser zeichnete sich durch den Glauben aus, aus einem Rechtsbegriff (etwa dem Begriff des Vertrags oder dem Begriff des Eigentums) ließen sich konkrete Folgerungen ableiten.

Historisch lässt sich dieser Denkstil auch bei der Auseinandersetzung mit Rechten antreffen. So wurde behauptet, aus dem »Begriff« eines subjektiven Rechts folge, dass ihm Pflichten korrespondieren, den Genuss des Rechts nicht zu behindern, oder dass der Rechtsinhaber stets auf sein Recht verzichten könne. Die Pointe der Hohfeld'schen Analyse bestand darin zu zeigen, dass man unter »Recht« sehr unterschiedliche normative Wirkungen verstehen kann und der eine Effekt nicht aus dem anderen kraft Implikation folgt. Aus einem Recht auf etwas müsse nicht notwendig die Kompetenz zum Rechtsverzicht folgen. Das positive Recht kann Menschen zur Ausübung ihrer Rechte sogar verpflichten. Man denke bloß an eine Wahlpflicht (sie galt früher in Österreich für die Bundespräsidentenwahl). Aus der Erlaubnis zum Gebrauch des Eigentums ergebe sich eben nicht das Recht, seine Konkurrenten daran zu hindern, einem wirtschaftlich zu schaden.

Welche Bündel von *jural correlatives* zu einem Recht zusammengefasst sind, ist eine Frage von politischen Entscheidungen. Das »Recht« selbst vermag deren Begründung nicht zu tragen. Die Zuerkennung einer rechtlichen Position ist vielmehr das *Ergebnis* eines argumentativen Prozesses, in dem andere Überlegungen als die Rechte selbst von Relevanz sind.

Hohfelds Überlegungen sind insofern ernüchternd für diejenigen, die meinen, konkrete Forderungsprogramme lassen sich aus den Rechten – etwa den Menschenrechten – ableiten. Hinter dem großen Blendwerk »subjektives Recht« verbergen sich ganz verschiedene Korrelationen von Positionen.

§ 30. Die Wirkung von Rechten

Was bedeutet dies für die eingangs erwähnte peremptorische Wirkung von Rechten?

Nach der früheren Lehre Ronald Dworkins (1931–2013) sind Rechte »Trümpfe«. Sie stechen bloße Gemeinwohlerwägungen aus. Redefreiheit gilt auch dann, wenn die schweigende Mehrheit das Gesagte nicht hören mag.

Gemeinwohlerwägungen berufen sich auf etwas, was von allgemeinem Vorteil ist, ohne zu bestimmen, wer begünstigt ist. Die Behauptung etwa, eine Gesellschaft sei sicherer, wenn Schusswaffen nur sehr eingeschränkt zu erwerben sind, ist eine bloße Gemeinwohlerwägung.

Rechte beruhen demgegenüber auf Grundsätzen, die aussagen, worauf jedes Individuum einen Anspruch hat.

Laut Dworkin setzen sich Rechte in der Regel gegenüber bloßen Gemeinwohlerwägungen durch. Er hält in diesem Sinne fest:

> It follows from the definition of a right that it cannot be outweighed by all social goals. We might, for simplicity, stipulate not to call any political aim a right unless it has a certain threshold weight against collective goals in general; unless, for example, it cannot be defeated by appeal to any of the ordinary routine goals of political administration, but only by a goal of special urgency. (*Taking Rights Seriously*, 2. Aufl., Cambridge, Mass. 1978, 92)

Nach Joseph Raz besteht der peremptorische Effekt von Rechten darin, dass sie mit Pflichten korreliert sind, die nicht von Gründen außer Kraft gesetzt werden, die in einer Situation gegen die Erfüllung einer Pflicht sprechen. Eine Verpflichtung enthält deswegen nicht nur einen Grund, sich auf bestimmte Art und Weise zu verhalten, sondern auch einen Grund, Gründe zu ignorieren, die gegen das Verhalten sprechen mögen. Alle wollen die Redefreiheit. Aber wenn sie von Vertretern der politischen Rechten in Anspruch genommen wird, sind die Liberalen und die Linken für deren Einschränkung, um Gruppen wie Einwanderer oder Asylwerber vor herabsetzenden Äußerungen zu schützen. Solchen wohlmeinenden situativen Einschränkungen schiebt das subjektive Recht einen Riegel vor. Das Recht auf Redefreiheit gilt unabhängig vom Inhalt der Rede.

Das klingt rigide und unsensibel. Ermächtigt die Redefreiheit also zur Nazipropaganda? Das ist nicht notwendigerweise der Fall. Nach Raz ist der Effekt, die Beachtung anderer Gründe auszuschließen, nicht »konklusiv«. Der Umfang der Gründe, die ausgeschlossen sind, ist gemessen an den Umständen des Falls und dem Gewicht der potenziell ausgeschlossenen Gründe zu ermitteln.

Die Überlegungen von Dworkin und Raz indizieren, dass Rechte *nicht absolut* sind. Die durch Rechte geschützten Interessen können im Einzelfall gegen entgegenstehende Faktoren *abgewogen* werden. Die peremptorische Wirkung von Rechten ist somit bloß ein Reflex des Umstands, dass rechtlich geschützte Interessen relativ hohes Gewicht haben.

Im Sinne Hohfelds kann man festhalten, dass uns die Sprache der Rechte bloß mit zweierlei ausstattet. Sie erlaubt uns zu präzisieren, (1) worum es bei einer Entscheidung geht, sowie 2) deren normativen Effekt zu bestimmen. Wichtiger als die Rechte selbst sind also die Überlegungen, die erklären, welches Gewicht die Rechte haben.

IV. Natürliche Rechte

Eine Begründung von Rechten erwartet man gemeinhin von der Naturrechtslehre. Aber worauf mag sich diese berufen?

§ 31. Von der Schöpfungsordnung zur menschlichen Natur

Vom Mittelalter bis zur Neuzeit gibt es einen nahegelegenen Kandidaten für den Ursprung des Naturrechts: die von Gott geschaffene *Ordnung der Welt*. In ihr manifestiert sich Gottes Wille. Am Ausgang aus der Scholastik wird der voluntaristische Aspekt stark betont. Das Naturrecht gilt, weil Gott es so will. In der Spätantike und im Mittelalter steht hingegen die intellektuelle Teilhabe der Menschen am göttlichen Gesetz im Vordergrund. Schon bei Augustinus findet sich das schöne Bild, dass die *lex naturalis* der Abdruck sei, den die ewigen Gesetze Gottes gleich einem Siegelring in der menschlichen Seele hinterlassen haben. Vermöge ihrer Vernunft sei den Menschen der für das menschliche Verhalten relevante Teil von Gottes Gesetz einsehbar. Die Vorstellung, dass die Welt aufgrund eines vernünftigen Weltgesetzes funktioniert (dem *nomos*, in dem sich die göttliche Vernunft des *logos* ausdrückt), geht auf die im antiken Griechenland und in Rom verbreitete Philosophie der Stoa zurück.

In der Neuzeit tritt die Anbindung des Naturrechts an die auf die Realisierung von Zwecken ausgerichtete Schöpfungsordnung in den Hintergrund. Wichtiger wird die Einsicht in die *Natur des Menschen.* Sie soll zeigen, welche Rechte die Menschen haben.

Bereits in der Antike ist die Berufung auf die Natur des Menschen als problematisch durchschaut worden. Das klassische Beispiel ist der Auffassungsunterschied zwischen den Sophisten Antiphon und Kallikles (beide 5. Jh. v. Chr.). Nach Antiphon sind alle Menschen vermöge ihrer Natur gleich. Immerhin atmen wir alle durch Mund und Nase die Luft ein und aus. Und das treffe sogar auf die Barbaren zu. Nach Kallikles (und seinem Zeitgenossen Thrasymachos) ist das positive Recht – der *nomos* – ein Instrument, Gruppeninteressen durchzusetzen. Nach Kallikles dient es dazu, um das, was *physei* – also von Natur aus – gelten soll, zu unterdrücken. Von Natur aus dürfe der Stärkere, weil er besser und edler sei, über den Schwächeren herrschen. Aber die menschlichen Gesetze – die *nomoi* – verhinderten die Ausübung dieses natürlichen Herrschaftsrechts:

Doch die Gesetze, glaube ich, sind von den Schwachen und von der großen Masse gemacht. Zu ihren Gunsten und zu ihrem eigenen Nutzen stellen diese die Gesetze auf, sprechen sie Lob und Tadel aus. Die stärkeren unter den Menschen und diejenigen, die imstande sind, ein Übergewicht zu erlangen, wollen sie einschüchtern, damit sie nicht mächtiger als sie werden können, und behaupten deshalb, es sei hässlich und ungerecht, einen Vorteil zu suchen, und darin bestehe eben das Unrecht tun: dass man mehr haben will als die anderen. Denn da sie weniger wert sind, sind sie, glaube ich, zufrieden, wenn sie nur den gleichen Anteil haben. (Platon, *Gorgias*, 483c, übers. R. Rüfner, in: *Jubiläumsausgabe*, Bd. 2, Zürich/München 1974, 330)

Der Auffassungsunterschied demonstriert eindrücklich die Problematik des Rekurses auf die Natur des Menschen. Eine Norm – die Gleichheit oder das Vorrecht – wird als naturgegeben ausgegeben. Sie gilt als notwendig und unveränderlich. Sobald sie aufgrund dieser Assimilation ans Natürliche mit diesen Attributen ausgestattet ist, verdunkelt sich ihr Zusammenhang mit den Interessen bestimmter Gruppen. Das Naturrecht und die natürliche Gerechtigkeit geraten deswegen schon in der Antike in den Verdacht, ein interessenbestimmter Schein zu sein. In seiner *Politeia* (338e, übers. O. Gigon) legt Platon (428/427–347) dem Thrasymachos folgende Worte in den Mund:

Jedes Regime erlässt doch die Gesetze zu seinem eigenen Vorteil, die Demokratie demokratische, die Tyrannis tyrannische und die anderen ebenso. Indem sie das tun, erklären sie das für die Regierten als gerecht, was ihnen selbst zum Vorteil dient. (Jubiläumsausgabe, Bd. 4, 87)

Das moderne Naturrecht geht von Individuen aus und nicht von einer konkreten Ordnung wie der antiken Polis. Wesentlich ist die Analyse der Motive und Gründe des individuellen Verhaltens. Daraus erklärt sich auch, warum die moderne (»rationalistische«)

Naturrechtslehre immer auch für das Völkerrecht relevant ist. Denn nach Ansicht moderner Naturrechtslehrer verhalten sich Staaten zueinander wie menschliche Individuen. Sie verfolgen ihr eigenes Interesse. Für das Verständnis des »natürlichen Zustands« (*status naturalis*), in dem es keine staatliche Autorität gibt, ist das essenziell. Für Hugo Grotius wie für Thomas Hobbes und Samuel Pufendorf befinden sich die Staaten in einem solchen Naturzustand.

§ 32. Selbsterhaltung und Sozialität

Hugo Grotius (1583–1645) gilt als Begründer des modernen Natur- und Völkerrechts. Sein naturrechtliches Werk präsentiert sich als Replik auf den antiken Skeptiker Karneades, der jede universelle Moral zurückwies. Grotius antwortet darauf mit einem Minimalprogramm. Er stellt zwei Grundantriebe des Menschen heraus. Wie alle anderen Tiere strebt auch der Mensch nach Selbsterhaltung. Was ihn aber vom Tier unterscheidet, ist ein anderer Antrieb, nämlich der *appetitus societatis*. Der Mensch will in Gemeinschaft mit anderen leben, aber nicht in jeder Gemeinschaft, sondern in einer, in der Friede und eine rationale Ordnung herrschen. Aus der vernunftbestimmten Einsicht in die Bedingungen einer solchen Ordnung ergeben sich die Grundprinzipien des Rechts.

An erster Stelle führt Grotius Pflichten an. Die Menschen müssen das Eigentum anderer respektieren und dürfen ihnen keinen Schaden zufügen. Interessanterweise fügt Grotius nicht nur die Pflicht hinzu, Versprechen zu halten, sondern erwähnt sogleich das Recht, Menschen für einen Rechtsbruch angemessen zu bestrafen.

Diese Pflichten sind mit Rechten korreliert. Mit dem ersten Antrieb verbindet sich das Recht auf Selbstverteidigung. Zudem haben Menschen das Recht, sich Dinge anzueignen, die ihnen zur Lebensführung nützlich erscheinen. Dies ist auch Ausdruck der natürlichen Freiheit, welche die Menschen in einem natürlichen Zustand genießen. Sie sind nicht dem Willen eines anderen unterworfen.

Aufgrund des natürlichen Rechts und des Strebens nach einem friedlichen geordneten Zusammenleben (*oikeiosis*) entsteht eine dezentrale globale Gemeinschaft. Sie kennt keine austeilende Gerechtigkeit (von einer höherstehenden Instanz im Verhältnis zu Untergebenen), sondern bloß den Ausgleich und die Strafe. Aus dieser Gemeinschaft entstehen aufgrund von Vereinbarungen Staaten als engere Zusammenschlüsse der Menschen. Mit diesen werden Solidaritätspflichten möglich. Dabei handelt es sich um Schutzpflichten zugunsten der Gemeinschaft und Individuen, die über negative Pflichten (Unterlassen) hinausgehen. Für Individuen entstehen auch positive Pflichten, aktiv zum Gemeinwohl beizutragen.

Nach Grotius ist die souveräne Staatsgewalt erforderlich, damit die natürlichen Rechte nicht ein leeres Sollen bleiben. Ein Widerstandsrecht gegen den Souverän ist ausgeschlossen. Sonst gäbe es keinen Staat, sondern nur eine »Menge ohne Einheit«.

Grotius' Ideen mögen wenig überraschend anmuten. Aber das ist dem Minimalismus des naturrechtlichen Ansatzes inhärent. Überraschungen findet man erst bei den Anwendungen allgemeiner Grundsätze. Sie geben zu erkennen, dass seine Naturrechtslehre für eine Klientel geschrieben wurde. Grotius sprach sich für das Recht aus, sich Territorium anzueignen, das von der eingeborenen Bevölkerung nicht hinreichend genutzt wird, und für ein Recht der Staaten, fremde Regenten für Grausamkeiten zu bestrafen, die sie gegen die eigene Bevölkerung begehen. Beide Überlegungen sind im Kontext der Kolonialisierung zu sehen.

Ein bedeutenderer Theoretiker als Grotius, weil vom Denkansatz her unvergleichlich radikaler, ist der Engländer Thomas Hobbes (1588–1679).

Sein Ausgangspunkt ist ebenfalls die Natur des Menschen. Hobbes geht davon aus, dass die Menschen sich selbst erhalten und glücklich leben wollen. Zur Zielerreichung verhalten sie sich zweckrational. Sie gebrauchen ihre Intelligenz und Urteilskraft, um Zwecke mit knappen Mitteln zu realisieren.

Hobbes schreibt dem Menschen ein natürliches Recht zu. Es ist dies die Freiheit,

> [...] seine Macht nach Belieben zur Erhaltung seiner eigenen Natur, das heißt seines eigenen Lebens, zu gebrauchen, und folglich alles zu tun, was er nach seiner eigenen Urteilskraft und Vernunft als die hierfür geeignetsten Mittel ansieht. (*Leviathan*, übers. J. Schlösser, Hamburg 1996, 107)

Daraus folgt das bereits erwähnte Recht auf alles (siehe oben § 24). Dieses Recht haben alle unter der Bedingung natürlicher Gleichheit. Hobbes versteht unter dieser Gleichheit im Wesentlichen die Äquivalenz der körperlichen und der geistigen Kräfte. Auch der Starke kann dem listigen Schwachen, der ihn vergiftet, zum Opfer fallen.

Wegen des Wissens, dass diese natürliche Gleichheit die Ausübung des Rechts auf alles beeinflusst, ist der Naturzustand – das ist ein Zustand ohne staatliche Herrschaft – ein Kriegszustand. Jeder muss den potenziellen Angriffen anderer zuvorkommen. Es ist daher davon auszugehen, dass alle gleichzeitig einen Präventivschlag ausführen werden. Deswegen entpuppt sich der Naturzustand als »Krieg eines Jeden gegen Jeden«. Der Krieg ist ein Zustand, in dem alle um die Kampfbereitschaft aller anderen wissen. Hobbes notiert dazu (ebd., 104–105):

Denn wie das Wesen schlechten Wetters nicht in ein paar Regenschauern liegt, sondern in einer Neigung dazu über viele Tage, so besteht das Wesen des Krieges nicht in tatsächlichen Kampfhandlungen, sondern in der bekannten Bereitschaft dazu während der ganzen Zeit, in der es keine Garantie für das Gegenteil gibt.

Der Krieg ist nichts Erfreuliches. Wenn es keine Sicherheit gibt, verfolgen die Menschen keine langfristigen Ziele. Es gibt »keinen Platz für Fleiß, denn seine Früchte sind ungewiss«. Folglich fehlen die Segnungen der Zivilisation. Am schlimmsten sind die permanente Furcht und die Gefahr eines gewaltsamen Todes (ebd., 105):

[D]as Leben des Menschen ist einsam, armselig, widerwärtig, vertiert [brutish] und kurz.

Nach Hobbes führen nun die Antriebe und die Vernunft, die den Kriegszustand auslösen, auch wieder aus diesem heraus.

Dem natürlichen Recht auf natürliche Freiheit lässt sich ein erstes Naturgesetz gegenüberstellen. Dieses fordert, nach Frieden zu streben, sofern Aussicht darauf besteht, ihn zu erlangen. Fehlt diese Aussicht, dann bleibt es bei der Erlaubnis zur kriegerischen Selbstverteidigung.

Aber das ist keine Lösung. Daher gebietet ein zweites Naturgesetz, dass die Menschen unter Bedingungen der Gegenseitigkeit bereit sein sollen, dem Recht auf alle Dinge zu entsagen und ihre natürliche Freiheit einzuschränken. Der Schritt vom natürlichen Recht zu den natürlichen Gesetzen ist bemerkenswert. Hobbes rekonstruiert aus der Perspektive des Verstandes derjenigen, die in der Naturzustandssituation stehen, die Gesetze, die ein geordnetes Leben in Frieden ermöglichen. Letztlich wird damit die Autorität des positiven Rechts aus einem *rationalen Verzicht* auf das natürliche Recht begründet.

Ein gegenseitiger Verzicht und das Zugestehen von Freiräumen sind nur vertraglich möglich. Daher sagt das dritte Naturgesetz, dass die Menschen geschlossene Verträge einhalten müssen.

Allerdings würde sich niemand auf einen solchen Gesellschaftsvertrag einlassen, wenn nicht klar wäre, dass (1) jeder auf dasselbe verzichtet und (2) die Durchsetzung des Vertrages gesichert ist. Der allseitige Rechtsverzicht muss daher mit der Einsetzung einer Instanz verbunden sein, die einerseits die Rechte und Pflichten der Menschen mit Wirkung für alle bestimmt und andererseits die Einhaltung der Pflichten vermöge von Zwang zu garantieren vermag. Daher muss – und das mag paradox anmuten – der wechselseitige Verzicht auf das Recht auf alles sich in dem Versprechen manifestieren, sich einem Dritten zu unterwerfen, der die Kompetenz hat, allgemeine Festlegungen zu machen, und der über die Macht verfügt, diese auch durchzusetzen.

Der Gesellschaftsvertrag wird in Hobbes' Werk *De Dive* als Vertrag zugunsten eines Dritten konzipiert. Im *Leviathan* steht die Autorisierung im Vordergrund (ebd., 144–145):

> Der einzige Weg, solch eine gemeinsame Macht zu errichten, die fähig ist, die Menschen von dem Angriff Fremder und vor gegenseitigem Unrecht zu schützen und damit so weit zu sichern, dass sie sich durch eigenen Fleiß und die Früchte der Erde ernähren und zufrieden leben können, besteht darin, all ihre Macht und Stärke einem Menschen oder einer Versammlung von Menschen zu übertragen, die den Willen jedes einzelnen durch Stimmenmehrheit zu einem einzigen Willen machen; das heißt, dass sie einen Menschen oder eine Versammlung von Menschen zur Vertretung ihrer Person ernennen und dass jeder von ihnen sich zum Urheber all dessen erklärt, was derjenige, der so ihre Person vertritt, in Bezug auf Frieden und Sicherheit der Allgemeinheit tun oder veranlassen wird, und dass sie darin ihren Willen seinem Willen und ihr Urteil seinem Urteil unterwerfen.

Wer diese Person verkörpert, ist laut Hobbes Souverän. Er ist der Leviathan, der »sterbliche Gott, dem wir unter dem unsterblichen Gott unseren Frieden und unsere Sicherheit verdanken« (ebd., 145, Hervorhebungen getilgt).

Der Souverän ist nicht Partner des Vertrags. Er kann ihn nicht brechen. Daher haben die Menschen auch keine Rechte gegen ihn. An dieser Konsequenz hat sich die Kritik an Hobbes entzündet.

Es mag angesichts dieser Konsequenz seltsam anmuten, Hobbes als einen Vertreter der Naturrechtslehre zu betrachten. Allerdings geht er von einem natürlichen Recht aus, um die Autorität des positiven Rechts zu begründen. Er ist somit der naturrechtliche Apologet des positiven Rechts. Nirgendwo – schon gar nicht bei Rechtspositivisten – wird dessen Wert stärker zum Ausdruck gebracht als bei Hobbes. Alle Rechte, die wir aufgrund des positiven Rechts haben, sind durch den rationalen Verzicht auf die natürliche Freiheit »naturrechtlich« sanktioniert.

§ 34. Rechte aus natürlichen Pflichten

Für das deutsche Naturrecht des 17. und 18. Jahrhunderts war Samuel Pufendorf (1632–1694) die prägende Gestalt. Auch bei ihm finden sich die Vorstellungen von Naturzustand und Gesellschaftsvertrag. Allerdings sind sowohl der Übergang in den zivilen Zustand als auch die Gründe, die dazu führen, im Vergleich zu Hobbes deutlich abgemildert.

Auch bei Pufendorf bildet die Natur des Menschen die Prämisse des Systems. Geprägt ist diese Natur durch das Streben nach Selbsterhaltung und durch Selbstliebe. Die Menschen neigen dazu, der Befriedigung ihrer eigenen Interessen Vorrang im Verhältnis zu den Interessen anderer einzuräumen. Gleichzeitig sind sie schwach und verwundbar (*imbecillitas*). Würde der Mensch der Hilfe anderer entraten, könnte er nicht überleben und könnte sich auch nur schwer gegen die Aggressionen anderer wehren. Es ist daher notwendig, dass sich Menschen zu Gemeinschaften zusammenschließen, um friedlich zu ihrem wechselseitigen Vorteil zusammenzuarbeiten.

Pufendorfs Naturrecht ist vom Ansatz her ein System, das auf die Vorteile abzielt, die durch koordinierte gesellschaftliche Zusammenarbeit entstehen.

Die Gesetze, die einzuhalten sind, damit sich wechselseitige Vorteile der Vergesellschaftung einstellen, sind die natürlichen Gesetze. Der fundamentalste Grundsatz des Naturrechts ist es, das Zusammenleben (*socialitas*) zu erhalten und zu kultivieren. Da das Wollen der Ziele das Wollen der Mittel mit umfasst, gehören die Mittel, das geordnete Zusammenleben zu ermöglichen, zum Naturrecht. Zu ihm zählen daher die Gesetze des Zusammenlebens, die einem dazu verhelfen, ein nützliches Gesellschaftsmitglied zu werden. Unvermittelt fügt Pufendorf hinzu, dass die Regeln, die sich aus diesem ersten Grundsatz ableiten lassen, wie dieser Grundsatz selbst, ihren letzten Geltungsgrund in einer göttlichen Anordnung haben.

Ähnlich wie bei Grotius stehen zunächst die natürlichen Pflichten der Menschen im Vordergrund.

Die erste Pflicht der Menschen ist es, andere nicht zu schädigen; die zweite, andere als Gleiche zu achten; die dritte gebietet, das Wohlergehen anderer zu befördern. Rechte werden als Reflexe dieser Pflichten gesehen, wie etwa die Erlaubnis zur Selbstverteidigung. Das ist ein generelles Charakteristikum des deutschen Naturrechts des 17. Jahrhunderts, das man auch bei Christian Wolff (1679–1754) findet.

Auch Pufendorf geht von einem Naturzustand (*status naturalis*) aus. In ihm gelten Eigentumsrechte kraft Vereinbarung. Die Menschen gehören kleineren Gemeinschaften (wie der Familie) an und kooperieren auf vertraglicher Grundlage. Den Hintergrund für entsprechende Vereinbarungen bilden die natürlichen Gesetze. Ein Souverän wird nur eingesetzt und ein *status civilis* begründet, um die Kooperationsvorteile weiter zu steigern. Anders als bei Hobbes geht es nicht ums bloße Überleben.

Pufendorf bietet zwei Gründe für die Einrichtung von Staaten. Der erste Grund ist die dunkle Seite der menschlichen Natur. Die Menschen sind von vielen üblen Antrieben geprägt, die sich bei Tieren nicht finden: ein unstillbares Verlangen nach immer mehr Gütern, Ehrgeiz (»das schlimmste aller Übel«), ein ausgeprägtes Gedächtnis für die schlechten Taten anderer und eine brennende Rachsucht. In den zivilen Zustand treten sie ein, um diese Antriebe einzudämmen. Der zweite Grund betrifft die Lösung von Kooperationsproblemen. Im Naturzustand treten zwei Probleme auf: erstens die Uneinigkeit darüber, wie das geeignete Zusammenwirken aussehen soll, und zweitens die Neigung der Menschen, ihre Pflichten zu vernachlässigen, wenn es niemand merkt. Der Staat wird eingerichtet, um das hervorzubringen, was der deutsche Staatsrechtler Hermann Heller (1891–1933) als »Willensvereinheitlichung« bezeichnet, und um die Einhaltung der Regeln durch die Verhängung von Sanktionen zu garantieren.

Anders als bei Hobbes beruht die Einsetzung des Souveräns nicht auf einem Vertrag zugunsten eines Dritten. Bei Pufendorf und der ihm verpflichteten deutschen Naturrechtslehre herrscht vielmehr die Vorstellung von einem zwei- oder dreistufigen Vertrag. Zunächst schließen sich die *patres familias* in einem Gesellschaftsvertrag zu einer Kooperation zum wechselseitigen Vorteil zusammen. Das geschieht schon im *status naturalis.* Indes fehlt es dieser Gesellschaft, der es durchaus schon um das Wohl aller geht, an Handlungsfähigkeit. Erst ein zweiter (und womöglich ein dritter) Vertrag vermag die widerstrebenden sozialen Kräfte zu integrieren. Ein Verfassungsvertrag legt die fundamentalen

Gesetze für die Ausübung von Hoheitsgewalt fest. Darauf folgt ein Unterwerfungsvertrag, durch den sich die Menschen einem Herrscher gegenüber zum Gehorsam verpflichten.

Nicht immer wird im daran anschließenden deutschen Naturrecht zwischen Verfassungs- und Unterwerfungsvertrag unterschieden. Für dieses lässt sich eher eine Dualität von Gesellschafts- und Unterwerfungsvertrag beobachten.

Der entscheidende Schritt über Hobbes hinaus besteht darin, wegen der Zweiteilung des Vertrags das Volk als rechts- und handlungsfähiges Subjekt zu konstituieren. Es gibt nicht die Hobbes'sche Selbstnegation des »Volkes« durch seine Repräsentation im Souverän. Das Volk und der Herrscher sind Vertragspartner.

Allerdings bleibt dem Herrscher die Implementierung seiner Herrscherpflichten überlassen. Der Souverän hat die Kompetenz, seine Kompetenz und deren angemessene Ausübung zu bestimmen (siehe unten § 95). Zwar ist er an naturrechtliche Zielvorgaben gebunden, allerdings hat er unbegrenztes Ermessen bei der Auswahl der Mittel. Daher kann es schon vorkommen, dass die ursprünglichen natürlichen Rechte zu »verlorenen Rechten« (Diethelm Klippel) werden. Es bleibt vorläufig beim Recht auf den *eigenen* Gehorsam. Bloß für den Fall der Tyrannei mag Pufendorf das anders gesehen haben.

§ 35. Die Treuhand

Die Naturrechtslehre von John Locke (1632–1704) ist so traditionell wie modern. Traditionell ist sie, weil Locke davon ausgeht, dass auch im Naturzustand ein Gesetz der Natur gilt, das von Gott festgelegt worden ist; modern – und auf den modernen Bürgerrechtsbegriff vorausblickend – ist seine Lehre insofern, als nicht die Pflichten, sondern in der Tat die Rechte in den Vordergrund treten. Der Staat wird als Einrichtung verstanden, deren Aufgabe es ist, vorstaatliche Rechte zu schützen.

Wie Hobbes verweist auch Locke darauf, dass der Naturzustand in Teilen Amerikas noch existiert. Gleich Pufendorf geht er davon aus, dass der Naturzustand zunächst im Großen und Ganzen ein friedlicher ist. Bei Pufendorf ist der Eintritt in den staatlichen Zustand notwendig, um der menschlichen Bosheit habhaft zu werden und Probleme kollektiven Handelns zu lösen. Bei Locke wird sich diese Geschichte ein wenig anders darstellen.

Laut Locke stammt das im Naturzustand geltende Gesetz der Natur von Gott. Jeder Mensch hat Eigentum an sich selbst (*self-ownership*). Dieses Recht manifestiert sich in der Befugnis zur Selbstverfügung. Nur man selbst, und niemand anderer, darf über einen selbst bestimmen. Im Naturzustand herrscht natürliche Freiheit. Im Rahmen des Naturgesetzes sind alle frei. Auch ist niemand dem Befehl oder der Gerichtsbarkeit eines anderen unterworfen. Insofern sind alle gleich.

Die natürlichen Ressourcen sind zunächst von Gott allen Menschen gemeinsam zur Nutzung überlassen. Dennoch ist das Eigentum an der eigenen Person die Grundlage für einen originären Eigentumserwerb. Dieser beruht auf Verarbeiten. Durch Arbeit vermischen die Menschen ihre Tätigkeit mit den Sachen. Sie fügen damit etwas zum Stofflichen hinzu, »was das gemeinsame Recht der anderen Menschen ausschließt«.

Der originäre Eigentumserwerb gestattet es also, Ressourcen durch Verarbeitung dem Gemeinbesitz zu entziehen. Allerdings darf das nicht unbegrenzt geschehen. Die eine Grenze, die Locke identifiziert, hat damit zu tun, dass Gott dem Menschen die Schöpfung zu seinem Genuss überlassen hat. Es darf nichts verderben. Eine zweite Grenze dürfte mit dem Gedanken bezeichnet werden, dass die Aneignung von Land wenigstens so lange unproblematisch ist, als noch »genügend und gleich gutes Land« (»enough and as good«) für andere übrig bleibt. Es ist, als ob man dem Gemeinbesitz nichts entzöge:

> Denn wenn jemand einem anderen so viel übrig lässt, wie er nutzen kann, handelt er so, als nähme er überhaupt nichts. Niemand kann sich durch das Trinken eines anderen, auch wenn er einen guten Schluck genommen, für geschädigt halten, wenn ihm ein ganzer Fluss desselben Wassers bleibt, um seinen Durst zu stillen. Wo es aber von beidem genügend gibt, kann man den Fall von Land und Wasser als völlig gleich ansehen. (John Locke, *Zwei Abhandlungen über die Regierung*, übers. v. H. J. Hoffmann, dt. Frankfurt/Main 1977, Zweite Abhandlung, § 33, 220)

Locke formuliert dies eindeutig für Umstände, unter denen noch genug ungenutztes Land vorhanden ist.

Angesichts dieser Einschränkungen dürfte ein egalitärer Naturzustand eine ausgemachte Sache sein. Aber es kommt anders. Das Arbeitseigentum kommt den Interessen der Aktiven entgegen. Sie erwirtschaften mehr als andere. Es entwickelt sich reger Tauschverkehr. Durch stillschweigende Übereinkunft wird das Geld eingeführt. Locke geht davon aus, dass die stillschweigende Zustimmung zur Einführung des Geldes auch alle damit verbundenen Konsequenzen umfasst. Geld darf man anhäufen. Im Gegensatz zu natürlichen Früchten kann es nicht verderben. Die erste Grenze des Eigentumserwerbs wird obsolet. Das gilt auch für alles, was sich zu Geld machen lässt. Da auch der Grund und Boden, den man verpachtet, zu Geld gemacht werden kann, darf mehr, als man zur Bedarfsdeckung braucht, angeeignet werden. Es kann daher passieren, dass manche leer ausgehen. Es sieht so aus, als ob damit diese zweite Grenze des privaten Eigentumserwerbs verletzt würde. Aber dem ist nicht so. Sie entpuppt sich vielmehr als Ausdruck einer Gemeinwohlüberlegung. Wenn sich durch privates Eigentum der gesellschaftliche Reichtum vergrößert, bleibt denen, die über kein Eigentum an Boden verfügen, genug Gutes übrig (ebd., § 37, S. 223; § 41, S. 225):

> Ich möchte dem noch hinzufügen, dass jemand, der sich durch seine Arbeit ein Stück Land aneignet, das gemeinsame Vermögen der Menschheit nicht vermindert, sondern vermehrt. [...] Wenn jemand Land abgrenzt und von zehn Acres eine größere Menge an Lebensmitteln einbringt, als er von hundert der Natur überlassenen einbringen könnte, kann man deshalb wirklich sagen, dass er der Menschheit neunzig Acres schenkt. Denn seine Arbeit liefert ihm jetzt aus zehn Acres die Lebensmittel, die der Ertrag von hundert Acres Gemeingut wären. [...] Es kann keinen klareren Beweis für irgend etwas geben, als ihn für diesen Fall verschiedene Völker *Amerikas* liefern, die reich sind an Land und doch arm an allen Bequemlichkeiten des Lebens. [...] Und der König eines großen und fruchtbaren Gebiets wohnt, nährt und kleidet sich dort schlechter als ein Taglöhner in *England*.

Man kann diejenigen, die nichts mehr zur originären Aneignung finden, damit trösten, dass es ihnen als unselbständige Lohnarbeiter besser ergehe denn als Unternehmer. Die Aktiven vermehren den Wohlstand der Gesellschaft, der sozusagen zu denen, die sozial weiter unten stehen, »hinuntertropft« (»trickle down effect«).

Dennoch kommt es aufgrund der sozialen Ungleichheit zu vermehrten Konflikten. Die Durchsetzung der Rechte und die Bestrafung von Übertretungen, die zunächst in der Hand der Verletzten liegen, werden erbitterter. Unproblematisch sind sie wegen der Parteilichkeit der Betroffenen nie gewesen. Aber nun gibt es vermehrt gewalttätige Auseinandersetzungen.

Aus diesem Grund wird vertraglich ein Civil Government errichtet. Dieses besteht aus einer Exekutive und einer Legislative. Es beruht auf einem Treuhandverhältnis. Die Menschen vertrauen das Recht zur Durchsetzung ihrer Rechte dem Civil Government an. Daraus resultiert keine permanente Unterwerfung. Vielmehr haben die Menschen als *ultima ratio* ein Recht auf Widerstand für den Fall, dass sich die Staatsorgane treuwidrig verhalten sollten.

V. Menschenrechte, alt und neu

§ 36. Von den Rights of Englishmen zu den Rights of Man (Droit de l'Homme)

Mit der Naturrechtslehre von John Locke stehen wir schon vor den ersten Erklärungen der Menschen- und Bürgerrechte. Dies ist aus zwei Gründen der Fall. Zum einen ist die Locke'sche Rechtsphilosophie geprägt von dem Einfluss radikaler politischer Strömungen im England des 17. Jahrhunderts. Hier sind vor allem die Levellers zu nennen, eine politische Gruppierung, die, wie der Name indiziert, egalitäre politische Ideen vertrat. Mit Vorrechten hatten sie nichts am Hut. Ihnen ging es um gleiche Rechte. Im Hintergrund von Lockes Theoriebildung steht ebenfalls die wiederholte Auseinandersetzung zwischen der Krone und dem Parlament um die Rechte der Engländer. Solche »common law liberties« werden sich im Zuge der Amerikanischen Revolution in Bürgerrechte verwandeln.

Historisch tritt in England zunächst das Parlament als Instanz auf, welche die fundamentalen Rechte der Bürger gegenüber der Krone schützt. In einer Auseinandersetzung, die die Reformation selbst und innerhalb der Reformation den Streit um die Verfassung der anglikanischen Kirche betraf, gehört der Schutz gegen willkürliche Verhaftung zu den wichtigsten Grundrechten. Das *writ of habeas corpus* garantierte und garantiert die Prüfung des

Haftgrundes durch Gerichte. Denn nichts ist bequemer, als unliebsame politische Gegner einfach wegzusperren.

Schon die Petition of Right von 1628 (ein Forderungskatalog des Parlaments an den König) will den Schutz vor willkürlicher Verhaftung zum Recht aller Engländer erhoben wissen. Der deutsche Rechtsphilosoph Martin Kriele erblickt darin sogar das »Urgrundrecht«:

> Der Schutz vor willkürlicher Verhaftung und Strafverfolgung ist das Ur-Grundrecht, die Wurzel der Freiheit. Denn ohne dieses Grundrecht ist der Mensch beständig bedroht, jede Art geistiger, politischer, religiöser oder sonstiger Äußerung oder Betätigung kann ihn die persönliche Freiheit kosten, die Angst verschließt ihm den Mund. Ein Souverän ist immer gleichbedeutend mit Terror, selbst dann, wenn er seine Macht maßvoll und gerecht handhabt, denn da man dessen nie sicher sein kann, lebt der Untertan in Furcht und ist in seiner Menschenwürde gebrochen. Schutz vor willkürlicher Verhaftung ist also nicht nur *historisch*, sondern auch *sachlich* die Mutter aller Grundrechte. (*Einführung in die Staatslehre*, 5. Aufl., Opladen 1994, 133)

Historisch bedeutender als die Petition of Right ist aber die *Declaration* (»*Bill*«) of Rights von 1689. Sie markiert das Ende des zweiten englischen Bürgerkriegs. Das Dokument wurde vom Parlament vorbereitet und von Königin Mary und König William von Oranien unterzeichnet. Es hat für einige amerikanische Rechteerklärungen inhaltlich als Vorlage gedient.

Die ersten Erklärungen von Bürgerrechten entstehen im Zuge der Amerikanischen Revolution. Dabei werden aus den Rights of Englishmen, die zuvor gegenüber dem englischen Mutterland behauptet wurden, die Rights of Man. Inhaltlich wird in vielerlei Hinsicht die »ancient constitution« Englands weitergeschrieben, allerdings ändert sich das Fundament. Im 1. Art. der Virginia Bill of Rights von 1776 heißt es:

That all men are by nature equally free and independent, and have certain inherent rights, of which, when they enter into a state of society, they cannot by any compact, deprive or divest their posterity; namely, the enjoyment of life liberty, with the means of acquiring and possessing property, and pursuing and obtaining happiness and safety.

Der enge Zusammenhang zwischen den Grundrechten und der republikanischen Regierungsform zeigt sich aber auch in den darauf folgenden Artikeln. Artikel 2 bekräftigt die Volkssouveränität, Artikel 3 das Recht des Souveräns, die Regierung abzuberufen oder das Verfassungssystem zu ändern. Weitere Bestimmungen betreffen Grundsätze der Staatsorganisation (Gewaltenteilung, Abschaffung jeglicher Adelsprivilegien) und Einschränkungen der exekutiven Gewalt (Art. 7: keine Suspendierung von Gesetzen). Diese und die Bestimmungen über prozessuale Rechte (Art. 8–11; z.B. no excessive bail, trial by jury) stellen Übernahmen der Rechte der Engländer dar. Dasselbe gilt aber auch für die Bestimmungen gegen ein stehendes Heer in Friedenszeiten und das Milizheer (Bürgerwehr) als eigentliches Bollwerk der Freiheit (Art. 13).

Anzutreffen ist die für frühe Rechteerklärungen typische Kombination von Individualrechten und organisatorischen oder institutionellen Garantien am Beispiel der 1789 in Kraft getretenen ersten zehn Zusatzartikel zur amerikanischen Bundesverfassung von 1787. Dies ist für uns heute nicht gleich offensichtlich. So spricht der erste Zusatzartikel zwar generell von der Redefreiheit, ein zentrales Anliegen war es aber, die Immunität der Abgeordneten in den Parlamenten der Einzelstaaten im Verhältnis zum Bund zu sichern. Denn es war durchaus vorgekommen, dass der Bund regionale Politiker wegen »seditious libel« (»aufrüherischer Verleumdung«) verfolgte. Die mit der Garantie des Waffentragens verbundene Gewährleistung der einzelstaatlichen Bürgerwehren (militia) wiederholte die Bestimmung aus der Bill of Rights, mit der ein Gegengewicht gegen die Prärogative des Königs geschaffen werden sollte, eine Armee aufzustellen.

Die berühmte französische Erklärung der Menschen- und Bürgerrechte von 1789 deutet ebenfalls Verfassungsgrundsätze an, wie zum Beispiel die zentrale Rolle der gewählten gesetzgebenden Körperschaft. Allerdings liest sie sich im Vergleich zu amerikanischen Rechteerklärungen eher individualrechtlich. Das ist irreführend. Wie Jürgen Habermas (*1929) und Dieter Grimm (*1937) herausgestellt haben, ist ihre Stoßrichtung eine andere. Während die Rechte im amerikanischen Kontext überwiegend rückblickend einen Bestand an negativer Freiheit, der bereits im englischen Recht ausgeprägt worden war, schützen sollten, waren die Menschenrechte der Französischen Revolution als ein Programm zur Umgestaltung des Staats und der Gesellschaft gedacht. Sie waren vorausblickend darauf formuliert worden und sollten die Eckpfeiler eines legislativen Reformprogramms sein.

§ 37. Das Recht auf Bürgerrechte

Mit Lockes Naturrechtslehre ist der Grundstein dafür gelegt worden, die Rechte der Menschen und Bürger als unveräußerlich zu denken. Darin besteht ein wesentlicher Unterschied zum früheren deutschen Naturrechtsdenken (siehe oben § 34). Außerdem werden – zumindest in der angloamerikanischen Tradition – die Menschenrechte überwiegend als Bürgerrechte betrachtet. Sie kommen Menschen zu, die einem republikanischen Gemeinwesen angehören. Die Schattenseite dieser Idee ist allerdings nachgerade monströs: Wer nicht frei ist, sondern Sklave, gehört keinem Gemeinwesen an und hat daher keine Menschenrechte.

Die Bürgerrechte sind Ausdruck der gleichen Freiheit, welche die Menschen als Angehörige eines Gemeinwesens genießen. Sie werden üblicherweise, wenn man vom Wahlrecht absieht, auch Fremden zugestanden. Jedenfalls müssen die Rights of Man als positive Grundrechte ausbuchstabiert werden, weil sie den Staat zu ihrem Schutz voraussetzen. Sie sind zwar vorstaatlichen Ursprungs, aber nicht außerstaatlich garantierbar. Dies hat Hannah Arendt (1906–1975) angesichts des Elends totalitärer Herrschaft im 20. Jahrhundert bekräftigt. In dem Moment, als viele Menschen auf der Flucht und womöglich ihrer Staatsangehörigkeit beraubt waren, waren sie zwar nichts mehr als Menschen. Aber in einer solchen Situation vermögen die Menschenrechte allein nichts, es sei dann, dass es sich Staaten zur Aufgabe machen, die Menschenrechte zu schützen. Andernfalls entpuppen sie sich als leeres Sollen. So gesehen, müsse es das fundamentalste Recht der Menschen sein, ihre Rechte durch politische Gemeinschaften anerkannt und geschützt zu sehen. Darüber hinaus war es Arendt allerdings auch ein Anliegen, daran zu erinnern, dass das Menschsein erst dann gelingt, wenn jeder Zugang zu politischen Teilnahmeprozessen hat.

§ 38. Grundrechte und Status

Anfänglich waren die Grundrechte als »Abwehrrechte« gegen den Staat konzipiert worden. Sie sollten negative Freiheit im Sinne der Abwesenheit von Hindernissen oder »Eingriffen« gewährleisten. Im klassischen Liberalismus verband man damit die Garantie einer »staatsfreien Sphäre«. Demnach sollten Staat und Gesellschaft voneinander getrennt sein. Die Gesellschaft sollte sich frei von staatlicher Lenkung entfalten können. Das freie Spiel der Marktkräfte sollte eine optimale Ressourcen- und Güterallokation hervorbringen. Die Gesellschaft ist auch der Ort der freiwilligen Assoziation. Der dafür vorausgesetzte Status der Eingriffsfreiheit lässt sich mit Georg Jellinek (1851–1911) als *status negativus* bezeichnen.

Mitgedacht war damit natürlich auch der *status activus* der Staatsbürger. Mit ihm verbindet man die Rechte zur Teilnahme an der politischen Willensbildung.

Schon im Zuge der Französischen Revolution, aber jedenfalls angesichts der Verelendung der arbeitenden Klasse im *Laissez-faire*-Kapitalismus, wurde der Ruf nach sozialen Rechten laut. Zu diesen gehören Rechte wie das Recht auf Wohnung, Arbeit, eine Mindestsicherung und der Zugang zur Bildung. Sie gewähren so etwas wie einen *status positivus*. Es handelt sich um Rechte auf ein positives Tun des Staates. Jellinek hat diesen Status zunächst nicht auf soziale Rechte angewandt, sondern Phänomene ins Auge gefasst wie das Recht auf diplomatischen Schutz gegen einen anderen Staat oder das Recht, einen Prozess zu initiieren oder Rechtsmittel zu ergreifen (den »Rechtsschutzanspruch«).

Im 20. Jahrhundert haben zahlreiche Verfassungen soziale Grundrechte anerkannt. Die Anerkennung solcher Rechte geht oft mit der Erinnerung an Staatsbürgerpflichten einher. So statuiert etwa die Verfassung Italiens (1947) in ihrem Artikel 4:

> Die Republik erkennt allen Staatsbürgern das Recht auf Arbeit zu und fördert die Bedingungen, durch die dieses Recht verwirklicht werden kann.
>
> Jeder Staatsbürger hat die Pflicht, nach den eigenen Möglichkeiten und nach eigener Wahl eine Arbeit oder Tätigkeit auszuüben, die zum materiellen oder geistigen Fortschritt der Gesellschaft beiträgt.

Die Verknüpfung von Grundrechten und Grundpflichten war auch ein Markenzeichen der sozialen Garantien der Weimarer Reichsverfassung (sie waren allerdings nicht gerichtlich durchsetzbar). Deren Art. 163 begann sogar mit der Pflicht:

> Jeder Deutsche hat unbeschadet seiner persönlichen Freiheit die sittliche Pflicht, seine geistigen und körperlichen Kräfte so zu betätigen, wie es das Wohl der Gesamtheit erfordert.

Jedem Deutschen soll die Möglichkeit gegeben werden, durch wirtschaftliche Arbeit seinen Unterhalt zu erwerben. Soweit ihm angemessene Arbeitsgelegenheit nicht nachgewiesen werden kann, wird für seinen notwendigen Unterhalt gesorgt. Das Nähere wird durch besondere Reichsgesetze bestimmt.

Die Korrelation von Rechten und Pflichten deutet auf ein Sozialmodell hin, das die Gesellschaft als einen solidarischen Verband versteht. Die einen erbringen Opfer zugunsten anderer, solange diese dazu bereit sind, selbst Opfer für andere zu erbringen unter der Voraussetzung, dass sie dazu fähig sind.

Sozialen Rechten wird oft entgegengehalten, sie seien leere Versprechungen, weil sie sich gerichtlich nicht durchsetzen ließen. Keine Richterin könne einem Arbeitslosen eine Anstellung verschaffen. Aber dieser Einwand vergröbert die Sachlage. Soziale Rechte lassen sich wenigstens dazu heranziehen, ein einmal erreichtes einfachgesetzliches Schutzniveau erschwert abänderbar zu machen (sog. »Bestandsschutz des unterverfassungsgesetzlichen Rechts«). Außerdem kann man auf ihrer Grundlage die Frage stellen, ob der Staat auch genug zu ihrer Sicherung getan habe.

§ 39. Schutzpflichten, Übermaß und Untermaß

Nach dem Zweiten Weltkrieg hat in der Bundesrepublik Deutschland eine Revolution der Denkart in der Grundrechtsauslegung stattgefunden. Sie hat im Wesentlichen den Grundgedanken der französischen Menschenrechtserklärung im Kontext der Rechtsprechung aufgegriffen. Die Grundrechte sind demnach nicht nur subjektive Abwehrrechte. Sie sind auch objektive Prinzipien oder Werte. Als solche strahlen sie in die gesamte Rechtsordnung aus und haben bei deren Interpretation relevant zu sein. Die Verfassung wird damit, wie Mattias Kumm (*1967) es ausdrückt, »total«.

Um eine Revolution der Denkart handelt es sich insofern, als nunmehr auch bei klassisch liberalen Rechten zur Eingriffsabwehr eine objektivrechtliche Grundrechtsfunktion hinzutritt. Auch diese weitere Garantie lässt sich einklagen, allerdings nicht unter dem Vorzeichen der Eingriffsabwehr, sondern dem des unterlassenen Schutzes. Allgemein spricht man von positiven Gewährleistungspflichten. Die mit dem Abwehrrecht korrelierte Unterlassenspflicht wird durch eine Pflicht zum Tun ergänzt.

Die Zulässigkeit von Grundrechtseingriffen wird aufgrund des Grundsatzes der Verhältnismäßigkeit beurteilt. Seine Anwendung dient der Beantwortung der Frage, ob der Staat »exzessiv« geregelt oder angeordnet hat. Man bezeichnet diesen Grundsatz daher auch als »Übermaßverbot«. Dessen Grundgedanke lässt sich auf positive Gewährleistungspflichten übertragen. Infrage steht dann, ob der Staat genug getan hat, um den Genuss des Grundrechts zu garantieren. Den relevanten Grundsatz nennt man daher das »Untermaßverbot«.

Die Anwendung beider Grundsätze setzt ein bestimmtes Verständnis des Staates voraus. Er wird als ein zweckrational handelndes Subjekt gesehen. Legitimes staatliches Handeln ist manifest an der Verfolgung öffentlicher Interessen mit regulatorischen Mitteln. Das Verhalten des Staates lässt sich daraufhin untersuchen, ob es überhaupt sein Ziel erreicht oder ungeeignete Mittel verwendet. Man mag bezweifeln, ob der Staat mehr getan hat, als er tun muss, und letztlich darüber tiefsinnig werden, ob die Intensität des Eingriffs in ein Grundrecht angesichts des Gewichts des öffentlichen Interesses gerechtfertigt ist. Damit entsteht eine neue Form, die Autorität der Verfassung zu denken. Der Amerikanischen Revolution verdanken wir die Vorstellung von der Verfassung als einer »charter of powers created by liberty« (James Madison). Die Verfassung verteilt Kompetenzen an unterschiedliche Organe. Die verfassungsrechtliche Analyse untersucht, ob die Organe bei der Kompetenzausübung innerhalb der ihnen rechtlich gezogenen Grenzen verbleiben. Nunmehr wird die Verfassung zum Maßstab der Handlungsrationalität. Das staatliche Handeln hat vernünftig zu sein. Und die Vernunft des Handelns beweist es durch seine Übereinstimmung mit dem Übermaß- und dem Untermaßverbot im Verhältnis zu grundrechtlichen Schutzgütern.

§ 40. Menschenrechte heute (Human Rights)

Die moderne, »revisionistische« Geschichtsschreibung der Menschenrechte unterscheidet mittlerweile die Rights of Man, die eine Frucht der bürgerlichen Revolutionen des 18. Jahrhunderts sind, von den Human Rights, die erstmals in klarer Form in der Allgemeinen Erklärung der Menschenrechte der Vereinten Nationen von 1948 formuliert werden. Die Allgemeine Erklärung der Menschenrechte ist kein rechtlich bindendes Instrument (also weder ein völkerrechtlicher Vertrag noch ein Gesamtakt). Aber warum sollte sie das auch sein? Sie will ja nichts festlegen. Sie will bloß feststellen, welche die Menschenrechte sind.

Von Menschenrechten in diesem modernen Sinne lässt sich erst dann sprechen, wenn (1) bürgerliche Freiheiten (»civil liberties« wie die Religionsfreiheit oder das Recht auf Eigentum) sowie politische, soziale und kulturelle Rechte als Elemente eines unteilbaren Gesamtpakets verstanden werden und (2) die Garantie dieser Rechte als Aufgabe der internationalen Gemeinschaft betrachtet wird. Die Allgemeine Erklärung von 1948 bringt unmissverständlich zum Ausdruck, dass das nationale und das internationale Recht letztlich der Realisierung der Menschenrechte dienen (Artikel 28):

Jeder hat Anspruch auf eine soziale und internationale Ordnung, in der die in dieser Erklärung verkündeten Rechte und Freiheiten voll verwirklicht werden können.

Zumal soziale Rechte ein integraler Teil der Menschenrechte sind, verwundert es nicht, dass die Gesellschaft als ein solidarischer Zusammenhang verstanden wird, dem gegenüber Menschen auch Pflichten haben (Artikel 29 Abs. 1):

Jeder hat Pflichten gegenüber der Gemeinschaft, in der allein die freie und volle Entfaltung seiner Persönlichkeit möglich ist.

Dass die Gesellschaft ein solidarischer Zusammenhang zu sein hat, geht aus dem ersten Artikel der Allgemeinen Erklärung hervor:

Alle Menschen sind frei und gleich an Würde und Rechten geboren. Sie sind mit Vernunft und Gewissen begabt und sollen einander im Geiste der Brüderlichkeit begegnen.

Der integrale Ansatz der universellen Erklärung begegnet einem bereits in ihrer Vorgeschichte. Der amerikanische Präsident Franklin Delano Roosevelt entwickelte Anfang der 1940er Jahre Ideen zur Fortsetzung des mit der Amerikanischen Revolution einsetzenden Emanzipationsprozesses. Während die Entstehung demokratischer Republiken die Befreiung von »politischer Autokratie« bedeutete, müsse nunmehr die »ökonomische Tyrannei« wirtschaftlicher Monopole gebrochen werden. Diese Monopole würden den gemeinen Leuten ihren fairen Anteil am wirtschaftlichen Wohlstand vorenthalten. Wenn Menschen die ökonomische Unabhängigkeit und Sicherheit fehle, seien sie nicht frei. Außerdem würden sie zur leichten Beute von autoritären Bewegungen.

Roosevelt trat dafür ein, die erste amerikanische Bill of Rights durch eine zweite zu ergänzen. Während die Kernelemente der ersten »freedom of speech« und »freedom of worship« seien, müssten die Grundpfeiler der zweiten »freedom from fear« und »freedom from want« sein. Damit sind umfassende staatliche Gewährleistungspflichten angesprochen.

Roosevelts Ideen sind für die Entstehung der Allgemeinen Erklärung ebenso einflussreich wie die Vorstellungen christlich (vorwiegend katholisch) geprägter Politiker und Gelehrter aus aller Welt (v.a. Lateinamerika, dem Libanon und den Philippinen).

§ 41. Die Menschenwürde

Die Allgemeine Erklärung der Menschenrechte beginnt in der Präambel mit einem Bekenntnis zur Würde des Menschen. Aber was ist die Menschenwürde? Darüber wird bis heute viel geschrieben.

Im deutschsprachigen Raum wird oft die Philosophie Immanuel Kants bemüht, obwohl seine Rechtsphilosophie keine Ausarbeitung der Idee der Menschenwürde enthält. Zumeist wird von Interpreten Kants auf die zweite Formulierung des kategorischen Imperativs zurückgegriffen, die verlangt, Menschen niemals bloß als Mittel, sondern immer auch als Zweck an sich selbst zu achten (siehe oben § 5). Die Selbstzweckhaftigkeit und Würde werden dann zumeist in der moralischen Autonomie – also dem Vermögen zur vernünftigen Selbstgesetzgebung – verortet. Damit wird das Konzept der Menschenwürde allerdings ein wenig eng gefasst.

Die historischen Begleitumstände der Karriere des Begriffs der Menschenwürde geben zu erkennen, dass sein Gehalt wohl am ehesten verständlich wird, indem man die Würde durch den Genuss des vollen Pakets der Menschenrechte gewährleistet sieht.

Wer nicht fürchten muss, aus nichts heraus mitten in der Nacht verhaftet zu werden, einem Beruf nachgeht und ein Dach über dem Kopf hat, der vermag mit aufrechtem Gang durch die soziale Welt zu gehen. Das Aufrechtgehen, das nicht geduckte und nicht vom Buckeln verkrümmte Dasein, das sind die Vorstellungen, die wir mit Menschenwürde verbinden. Hingegen wird Menschen ihre Würde genommen, wenn andere ihre Wehrlosigkeit genießen; wenn sie für ihr Fehlverhalten gezüchtigt werden; wenn es niemanden kümmert, ob sie etwas sagen; wenn niemand bemerkt, dass sie da sind; wenn man sich permanent über sie lustig macht oder sie nach Belieben sexuell belästigt werden; wenn ihnen das Gefälle der sozialen Ungleichheit zu verstehen gibt, dass sie bestenfalls zweitklassig sind. Indem wir uns ein Bild davon machen, wie Menschen durch die Welt gehen würden, wenn sie sich im Genuss des vollen Pakets der Menschenrechte befänden, können wir uns die Menschenwürde verständlich machen. Das Philosophieren trägt eher zur Verdunkelung ihres Gehalts bei.

Historisch verdankt der Begriff der Menschenwürde seinen Erfolg freilich seiner Kompromisstauglichkeit. Wer wollte schon gegen Menschenwürde sein? Nicht einmal die Kommunisten waren dagegen. Und die Faschisten, die dagegen waren, hatten nach dem Zweiten Weltkrieg wenigstens offiziell nichts mehr zu reden.

Selbstverständlich provoziert der Begriff die Produktion von Tiefgründigerem, etwa Erläuterungen der Zweck-an-sich-selbst-Formel des kategorischen Imperativs. Einen ausgeprägten Hang zum Tiefgründigen hatten auch die katholischen Denker, denen wir wohl die Karriere des Begriffs verdanken. Zu nennen ist vor allem der französische Philosoph Jacques Maritain (1882–1973), der die Würde aus der Sicht der Philosophie des sogenannten »Personalismus« in den Blick nahm. Was es mit dieser Idee auf sich hat, erklärt sich wohl am besten aus dem Versuch katholischer Kreise, ihren Glauben in der ersten Hälfte des 20. Jahrhunderts sozialpolitisch relevant zu machen. Ein Vehikel dazu war die Konstruktion eines »dritten Weges« zwischen dem liberalen Individualismus und der totalitären Absorption des Menschen durch die Volksgemeinschaft oder dessen Gängelung durch die Elitepartei. Im Zentrum steht die individuelle Transzendenz der sozialen Existenz bei dem gleichzeitigen Einbekenntnis, dass die Entfaltung der menschlichen Persönlichkeit nur in Gemeinschaft mit anderen möglich ist. Die individuelle Transzendenz indiziert, dass das Individuum kraft seiner Beziehung zu Gott über partikulare Gemeinschaften hinausragt. Gleichwohl leben die Menschen zusammen und haben Solidaritätspflichten gegeneinander.

Diese Vorstellung war in der Nachkriegszeit so einflussreich, dass das deutsche Bundesverfassungsgericht sie zum Menschenbild des Grundgesetzes erklärte:

> Das Menschenbild des Grundgesetzes ist nicht das eines isolierten souveränen Individuums; das Grundgesetz hat vielmehr die Spannung Individuum – Gemeinschaft im Sinne der Gemeinschaftsbezogenheit und Gemeinschaftsgebundenheit der Person entschieden, ohne dabei deren Eigenwert anzutasten. (BVerfGE 4, 7, 15-16)

Man mag den Eindruck gewinnen, dass wir inhaltlich über Pufendorf (siehe oben § 34) noch nicht wirklich hinausgelangt sind. Möglicherweise verhält es sich genau so.

§ 42. Die Rolle der internationalen Gemeinschaft

Der Menschenrechtsschutz ist nun auch eine Angelegenheit der internationalen Gemeinschaft. Das zeigt sich nicht nur an multilateralen Verträgen, die menschenrechtliche Garantien enthalten, sondern auch in Verfahren des Schutzes.

Zu den wichtigsten internationalen Verträgen gehören die beiden 1966 abgeschlossenen Pakte, die von den Vereinten Nationen vorbereitet worden sind: Der Internationale Pakt über bürgerliche und politische Rechte und der Internationale Pakt über wirtschaftliche, soziale und kulturelle Rechte. Beide sehen internationale Schutzmechanismen vor, die im Wesentlichen auf Berichtspflichten basieren. Das Völkerrecht kennt auch regionale Systeme des Menschenrechtsschutzes. Eines der erfolgreichsten dieser Systeme basiert auf der Europäischen Menschenrechtskonvention (1950). Auch die Entwicklung der internationalen Strafgerichtsbarkeit hat zum Schutz der Menschenrechte beigetragen.

Doch wie weit reicht die Autorität der internationalen Gemeinschaft? Wir sind unterdessen geneigt, davon auszugehen, dass es legitim ist, wenn Staaten in die inneren Angelegenheiten eines anderen Staates eingreifen, um von Regierungen zu verantwortende Menschenrechtsverletzungen abzustellen. Die Frage ist bloß, ob es zur Legalität eines solchen Vorgehens einer Autorisierung durch den Sicherheitsrat der Vereinten Nationen bedarf. Lange Zeit wurde die Problematik eines solchen Interventionsrechts unter dem Titel »humanitäre Intervention« diskutiert. Die unter Präsident Clinton 1999 unternommene Aktion der NATO gegen Jugoslawien ist ein Beispiel für eine unautorisierte Intervention, an der sich bis heute die Geister scheiden.

Neuere Entwicklungen im Völkerrecht haben die Idee zu einer »Responsibility to Protect« (»R2P«) erweitert. Eine Ad-hoc-Kommission über Intervention und staatliche Souveränität hat den Kern dieser Schutzverantwortung folgendermaßen formuliert:

> Where a population is suffering serious harm, as a result of internal war, insurgency, repression or state failure, and the state in question is unwilling or unable to halt or to avert it, the principle of non-intervention yields to the responsibility to protect.

Ergänzt wird diese Pflicht durch die Verpflichtungen, solche Situationen zu verhüten und im Falle ihrer Überwindung zum Wiederaufbau der Gesellschaft beizutragen.

Aufgrund dieser und anderer Entwicklungen (wie die erwähnte internationale Strafgerichtsbarkeit) verändert sich unsere Sicht des Staatensystems. Die souveräne Gleichheit der Staaten steht nicht mehr an erster Stelle. Diesen Platz nimmt eine Grundpflicht zur Realisierung der Menschenrechte ein. Aufgrund des Subsidiaritätsprinzips ist zunächst jeder Staat dazu berufen, diese Pflicht zu erfüllen. Sollte ein Staat versagen, devolviert diese Pflicht an die internationale Gemeinschaft, die selbst wiederum nur durch Staaten handeln kann.

§ 43. Menschenrechtsernüchterung?

Die großen wirtschaftlichen Utopien dürften ausgedient haben. An den Kommunismus glaubt kaum noch jemand. Vom Kapitalismus sind nur mehr wenige begeistert, diese dafür sehr. Anscheinend gibt es keine andere Utopie mehr als die Menschenrechte.

Aber die Menschenrechte taugen nicht so recht zur Utopie. Eine Vision, wie die Gesellschaft organisiert zu sein hätte, welche die Menschenrechte vermittelt, enthalten sie nicht. In den genannten UN-Menschenrechtspakten hat der prä-neoliberale Sozialstaat westeuropäischer Provenienz indirekt seinen Abdruck hinterlassen. Ist er wirklich ein universales Modell? Auf die Frage, wie wir unsere Gesellschaft verändern müssten, um das volle Paket der Menschenrechte zu realisieren, geben diese Rechte selbst keine Antwort. Sie fordern bloß Resultate. Der Aufbau einer menschenrechtsgerechten Weltwirtschaft kann in den Menschenrechten allein keinen Leitfaden finden.

Insofern ist die Karriere der Menschenrechte nicht nur ein Anzeichen für die Erschöpfung utopischer Energien, sondern auch ein Symptom für die Verarmung unserer politischen Einbildungskraft.

VI. Von der Naturrechtskritik zur Kritik des Rechts

Die nüchterne Perspektive auf den globalen Menschenrechtsenthusiasmus erinnert daran, dass die Rechte und das Rechtsverhältnis verschiedentlich auch Gegenstand einer philosophischen Kritik waren. Aus dem einschlägigen Repertoire seien zwei besonders prominente Beiträge herausgegriffen. Die Naturrechtskritik Rousseaus und die Marx'sche Kritik an den Menschenrechten, die in eine generelle Kritik des Rechtsverhältnisses einmündet.

§ 44. Naturrechtskritik: Rousseau

Jean-Jacques Rousseaus (1712–1778) Kritik des Naturrechts findet sich vor allem in seinem berühmten *Diskurs über den Ursprung der Ungleichheit unter den Menschen* (1755). Seine Überlegungen lassen sich als Kritik an der Vorstellung verstehen, die menschliche Natur sei bestimmt genug, um universelle normative Schlussfolgerungen zuzulassen. Wie sich die menschliche Natur äußert, hängt vielmehr von historisch wandelbaren Begleitumständen ab.

Rousseau knüpft an der fundamentalen Prämisse des Naturrechts von Grotius bis Hobbes an, nämlich dem Streben nach Selbsterhaltung. Allerdings verpflanzt Rousseau den Menschen hypothetisch in eine andere Umgebung. Aus diesem gegen den Dogmatismus der Naturrechtslehre gewendeten Schachzug hat sich der Mythos entwickelt, Rousseau habe den »guten Wilden«

glorifiziert. Aber dieser »gute Wilde« wurde nur erfunden, um der Naturrechtslehre vorzuführen, dass sie historisch zufällige Kontextbedingungen des menschlichen Verhaltens als naturgegeben ausgibt.

Rousseaus hypothetischer »wilder Mensch« (*homme sauvage*) lebt nicht in Gesellschaft, sondern überwiegend allein. Wie bei einem Tier ist sein Verhalten von Instinkten bestimmt. Er sorgt sich um sich. Insofern besitzt er Selbstliebe (*amour de soi-même*). Ihm geht es ums Überleben und die Befriedigung von Bedürfnissen. Deswegen hat er ab und zu auch Sex. Arbeiten muss er nicht, weil ihm die Natur genügend abwirft, um sich durchbringen zu können. Wenn er andere leiden sieht, empfindet er Mitleid und hilft, würde aber zur Rettung anderer sein eigenes Leben nicht aufs Spiel setzen. Er plant nicht für die Zukunft. Er lebt in den Tag hinein.

Es ist denkbar, dass Menschen so leben. Von einem *bellum omnium contra omnes* ist eine solche Situation weit entfernt. Dem ist deswegen so, weil es vor allem zwei Umstände in diesem »natürlichen« Zustand nicht gibt. Die Güter sind nicht knapp; und die Menschen sind nicht vom *amour propre* besessen.

Der *amour propre* ist eine andere Form der Selbstliebe. Er ist, genau betrachtet, die narzisstische Form der Selbstliebe, denn ihr geht es darum, als ein »Ich« – als ein Akteur, der sich von anderen unterscheidet – geliebt und verehrt zu werden. Dass wir *amour propre* haben, ist daran manifest, dass für uns zählt, wie die anderen über uns urteilen. Wir wollen, insofern wir *amour propre* haben, als »besser als«, »schöner als«, »cooler als«, »smarter als« oder »erfolgreicher als« die anderen gelten.

Menschen, die von dieser Form der Selbstliebe, die man als Eigenliebe bezeichnen könnte, erfasst worden sind, laufen stolz durch die Welt und verkünden »I did it«. Die natürliche Form der Selbstliebe ist dagegen ganz genussbezogen und insofern außer sich. Während unser *amour de soi-même* uns ein warmes Bad genießen lässt, ist der *amour propre* auf das Bad in der Menge aus.

Woher kommt der *amour propre*? Rousseau bietet unterschiedliche Erklärungen dafür an. Eine ist die Verliebtheit. Wer nach einem Menschen verrückt ist, der muss, um wieder geliebt zu werden, wollen, dass dieser Mensch einen für liebenswerter als alle anderen hält. Deswegen wird man alles daransetzen, um als einzigartig und besser dazustehen. Eine andere Erklärung ist die folgende:

> Der Gesang und der Tanz [...] wurden das Vergnügen, oder vielmehr die Beschäftigung der müßigen und zusammengekommenen Männer und Frauen. Jeder begann, die anderen zu beachten und selbst beachtet werden zu wollen, und die öffentliche Wertschätzung hatte einen Wert. Derjenige, der am besten sang und tanzte, der Schönste, der Stärkste, der Gewandteste oder der Eloquenteste wurde zum Geachtetsten; und das war der erste Schritt hin zur Ungleichheit und gleichzeitig zum Laster: Aus diesen ersten Bevorzugungen wurden einerseits die Eitelkeit und die Geringschätzung, andererseits die Scham und der Neid geboren [...]. (*Diskurs über die Ungleichheit*, hrsg. H. Meier, 6. Aufl. Paderborn 1984, 189)

Zwei Hauptfaktoren erklären, warum dieser erste Naturzustand zusammenbricht. Einerseits der häufigere Kontakt unter den Menschen und die damit vergrößerte Bedeutung der »künstlichen Leidenschaft« des *amour propre*; andererseits werden die Menschen durch Naturkatastrophen aus einer Situation des Überflusses gerissen.

Der Naturzustand tritt damit in eine zweite Phase ein. Die nun entstehende Gesellschaft beruht auf Arbeitsteilung und damit auf wechselseitiger Abhängigkeit. Aufgrund von Knappheit lernen die Menschen, wegen ihres künftigen Hungers schon heute hungrig sein zu müssen. Sie haben vorausschauend zu handeln und erlernen den Gebrauch der instrumentellen Vernunft. Der *amour propre* erweist sich in diesem Kontext als eine wichtige Voraussetzung des Überlebens. Denn nur wer die Anerkennung der anderen genießt, wird in seinem Leben vorankommen. Allerdings äußert sich der *amour propre* auch in Wettbewerb und Besitzstreben. Es kommt zur Entstehung des Eigentums, und dieses ist ungleich verteilt. Der *amour propre* ist die Liebe zur Ungleichheit. Er ist dies wenigstens so lange, als man von oben auf andere herabblicken kann.

Die soziale Situation wird explosiv. Rousseau macht an diesem Punkt bloß explizit, was bei Locke schon implizit angelegt ist. Die Reichen schlagen vor, man müsse einen Gesellschaftsvertrag abschließen, um allgemeine Sicherheit zu garantieren. Die unbedarften Armen lassen sich darauf ein. Damit entsteht der Staat als Instrument der herrschenden Klasse. Das in dieser Gesellschaft geltende Recht entpuppt sich, wie man vorausschauend auf Marx sagen kann, also als Klassenrecht. Es ist ein Instrument der Unterdrückung.

§ 45. Die Kritik der Menschenrechte

Indem Rechte Willkürfreiheit ermöglichen, präsentieren sie uns als Wesen, die losgelöst von anderen existieren und Befehle geben oder Situationen einseitig ändern. Sehr deutlich wird die Kritik an dieser realen Abstraktheit bei Karl Marx in seinem Aufsatz »Zur Judenfrage« ausgesprochen, in dem er sich kritisch mit Bruno Bauers (1809–1882) Werk über die Judenemanzipation in Deutschland auseinandersetzt. In diesem Aufsatz heißt es unter anderem:

> Das Menschenrecht des Privateigentums ist also das Recht, willkürlich (à son gré), ohne Beziehung auf andere Menschen, unabhängig von der Ge-

sellschaft, sein Vermögen zu genießen und über dasselbe zu disponieren, das Recht des Eigennutzes. Jene individuelle Freiheit, wie diese Nutzanwendung derselben, bilden die Grundlage der bürgerlichen Gesellschaft. Sie lässt jeden Menschen im anderen Menschen nicht die *Verwirklichung*, sondern vielmehr die *Schranke* seiner Freiheit finden. [...] Keines der Menschenrechte geht [...] über den egoistischen Menschen hinaus, über den Menschen, wie er Mitglied der bürgerlichen Gesellschaft, nämlich auf sich, auf sein Privatinteresse und seine Privatwillkür zurückgezogenes und vom Gemeinwesen abgesondertes Individuum ist.

Selbstverständlich übersieht Marx nicht, dass politische Rechte uns in unserer Eigenschaft als Bürgerinnen und Bürger ansprechen. Gleichwohl spricht sich Marx dezidiert gegen die damit verbundene Trennung in *bourgeois* und *cityoen* aus. Er erinnert somit daran, dass auch die politischen Rechte subjektive Rechte sind. Sie ermächtigen zur Willkür. Wählen kann man, wen man will. Es bedarf keiner Rechtfertigung. Es bedarf keiner Orientierung am Gemeinwohl.

Doch die Marx'sche Kritik geht über eine Kritik an den Menschenrechten hinaus. Sie betrifft das Rechtsverhältnis insgesamt, insofern es den Zwang der ökonomischen Verhältnisse und damit die Entfremdung des Menschen vom Menschen ermöglicht.

§ 46. Der Inhalt des Rechtsverhältnisses

Nach Kant ist das Recht der Inbegriff der Bedingungen, unter denen die Willkürfreiheit des einen mit der Willkürfreiheit des anderen nach einem allgemeinen Freiheitsgesetz zusammen bestehen kann (siehe oben § 13).

Marx würde dieser Bestimmung des Rechts beipflichten. Allerdings würde er hinzusetzen, dass damit bloß die Form, nicht aber der Inhalt des Rechtsverhältnisses erfasst wird. Auf diesen Inhalt kommt es seines Erachtens aber entscheidend an.

Das Rechtsverhältnis, das Marx als Paradigma des Rechts der bürgerlichen Gesellschaft vor Augen steht, ist die Lohnarbeit. Ihrer *Form* nach ist sie eine Beziehung, die auf dem freien Willen gleichberechtigter Partner beruht. Sie einigen sich auf den »Austausch« von Arbeitskraft gegen Lohn. Seinem *Inhalt* nach besiegelt ein solcher Vertrag aber ein soziales Herrschaftsverhältnis. Durch das Lohnarbeitsverhältnis werden die Arbeitenden der Befehlsgewalt des Arbeitgebers unterworfen und im Kontext des Zwangs der ökonomischen Verhältnisse (dazu unten) ausgebeutet. Sie bekommen den Arbeitswert ihrer Leistung nicht entgolten.

Marx spricht daher davon, dass im Recht der bürgerlichen Gesellschaft das »Faustrecht« fortlebe und das Recht des Stärkeren in ein anderes Gewand gekleidet werde. Zumal der Inhalt des Rechtsverhältnisses vom Klasseninteresse der Bourgeoisie bestimmt sei, bezeichnen Marx und Friedrich Engels (1820–1895) das Recht auch als Klassenrecht. Der Bourgeoisie halten sie im *Manifest der Kommunistischen Partei* (1848) entgegen, das Recht sei »[...] nur der zum Gesetz erhobene Wille Eurer Klasse [...], ein Wille, dessen Inhalt gegeben ist in den materiellen Lebensbedingungen Eurer Klasse«.

Der Inhalt – das ökonomische Herrschaftsverhältnis – gibt den Ausschlag darüber, was das Verhältnis in Wahrheit ist. Die Darstellung in rechtlicher Form – als Vertrag – ist *notwendiger Schein*. Es handelt sich um Schein, weil die Darstellung als Privatrechtsverhältnis idealisierend verbirgt, was tatsächlich der Fall ist. Ausbeutung und Herrschaft erscheinen im Medium des Rechts sozial als eine gleichsam herrschaftsfreie Beziehung zwischen Gleichen.

Der durch das Rechtsverhältnis erzeugte Schein ist gleichwohl *notwendig*. Die kapitalistische Produktionsweise würde nicht funktionieren, wenn es nicht die »freie«, vertraglich vereinbarte, nicht durch feudale Statusbeziehungen behinderte, jederzeit austauschbare und mobile Lohnarbeit gäbe. Die menschliche Arbeitskraft muss flexibel einsetzbar und ersetzbar sein. Die allgemeine Vertragsfreiheit ermöglicht dies. Sie ist essenziell für den Kapitalismus. Sie konstituiert Menschen als austauschbare Humanressourcen *und* verschleiert den Inhalt des Lohnarbeitsverhältnisses. Was diese Verschleierung betrifft, erfüllt das Recht eine »ideologische« Funktion.

Die ökonomischen Beziehungen sind nach Marx die Grundlage (»Basis«) unserer sozialen Existenz. Ideologien sind handlungsleitende Vorstellungen, die sich die Menschen über die Fundamente ihrer sozialen Beziehungen machen. Sie wirken wie eine *camera obscura*. Die Verhältnisse werden verkehrt dargestellt. Die Religion gibt Gott als den Schöpfer der Menschen aus, während in Wahrheit Gott eine von den Menschen entwickelte Vorstellung ist. Die Kunst verherrlicht das Individuum, während der Mensch in Wahrheit ein Gattungswesen ist. Das Recht idealisiert Beziehungen als frei gewählt, »in denen der Mensch ein erniedrigtes, ein geknechtetes, ein verlassenes, ein verächtliches Wesen ist« (Kritik der Hegelschen Rechtsphilosophie. Einleitung, in: Marx – Engels, *Werke*, Bd. 1, Berlin 1976, 385).

§ 47. Allgemeines zum Zwang

Marx' Analyse des Rechtsverhältnisses fordert uns dazu heraus, die Freiheit nicht bloß als Abwesenheit, sondern auch als Voraussetzung des Zwangs zu sehen. Außerdem wirft sie die Frage auf, ob oder inwieweit der Zwang der ökonomischen Verhältnisse gerechtfertigt sein kann.

Zu beginnen ist mit einer Vorerinnerung daran, wie der Zwang auf den menschlichen Willen wirkt. Danach ist auf den Zwang der ökonomischen Verhältnisse zurückzukommen (siehe unten § 49).

Generell sieht eine gezwungene Person sich vor eine Wahl gestellt, der sie sich nicht entziehen kann. Sie muss entweder das eine oder das andere wählen.

Die Alternative, vor die sich eine gezwungene Person gestellt sieht, umfasst (mindestens) zwei Optionen. Beide werden von der Person nicht gewünscht (z.B.: »Geld oder das Leben deiner Tochter«). Der Umstand, dass die Person in eine unerwünschte Situation gebracht wird, macht erklärlich, dass sie so handelt, als ob ihr Verhalten bloß die Wirkung einer Ursache ist, die von ihr nicht gewollt wird.

Wenn die gezwungene Person sich nicht in der Wahlsituation befände, der sie nicht zu entkommen vermag, würde sie keine dieser Optionen wählen (z.B.: also weder Geld an jemanden zahlen noch die Tochter sterben lassen).

Von den beiden unerwünschten Optionen ist eine deutlich unerwünschter als die andere (z.B.: Der Lebensverlust der Tochter wiegt unvergleichlich schwerer als die Bezahlung von Lösegeld).

Die Pointe des Zwangs besteht darin, dass eine gezwungene Person sich gegen die vergleichsweise noch weniger erwünschte Option entscheiden *muss*. Sie muss dies tun, weil sie andernfalls sich selbst aufgäbe (z.B.: »Als Vater« kann man nicht den Tod der Tochter wünschen, wenn man ihn irgendwie verhindern kann; »als Mensch« kann man nicht den eigenen Tod wollen, auch wenn man sich zum Überleben als Lohnarbeiterin verdingen muss).

Die »starken Wertungen«, die den Charakter einer Person ausmachen (z.B.: »meine Tochter ist für mich alles«), fungieren in einer Zwangssituation als Instrument, die Person etwas wollen zu *lassen*, das sie nicht wollen würde, wenn es die unvermeidbare Handlungsalternative nicht gäbe. Wer Zwang bewusst ausübt, verwendet somit den Charakter der Person als Instrument, um die Person etwas wollen zu lassen. Die »starken Wertungen«

sind an sich ein freiwilliger Ausdruck der Persönlichkeit. Womit man sich grundsätzlich freiwillig identifiziert (z.B.: Das Wohlergehen der Tochter), wird in der Zwangssituation zum Instrument, die Person etwas auswählen und tun zu lassen, das sie an sich nicht will (z.B.: einen einseitigen Transfer von Geld an eine andere Person). Darin liegt das Perfide des Zwangs.

In der Zwangssituation handelt die Person mit Gründen. Aber diese Gründe entstehen für die Person bloß wegen der Zwangssituation. Diese Situation ist die vom Willen nicht umfasste (heteronome) Ursache des Verhaltens, das die Wirkung dieser Ursache ist. Die evaluative Notwendigkeit (»Ich *kann* meine Tochter nicht sterben lassen«) wird für eine kausale Notwendigkeit instrumentalisiert (»Er kann das nicht wollen, daher wird er zahlen«).

§ 48. Gerechtfertigter Zwang

Das Vorhandensein und die Ausübung von Zwang können gerechtfertigt oder sogar unvermeidlich sein.

Zwang wird *ausgeübt*, wenn eine Person eine andere in die Situation bringt, in der sie mit der unerwünschten Handlungswahl konfrontiert ist. Das Rechtssystem, das mit Sanktionen droht, schafft eine solche Situation für uns alle (z.B.: die Wahl zwischen der Mühsal der legalen Erwerbstätigkeit oder der drohenden Gefängnisstrafe für Vermögensdelikte). Wir sind geneigt, diese durch das Rechtssystem geschaffene Situation gleichwohl für gerechtfertigt zu halten.

Das Rechtssystem unterstellt, dass kein Mensch die Sanktion wählen würde. Deswegen ist es gegenüber »Überzeugungstätern« machtlos. Diese nehmen die Sanktion entweder in Kauf oder wählen bewusst das »Märtyrertum«, um den Ernst ihrer Haltung zu unterstreichen.

Zwang kann aber auch ohne das Zutun einer bestimmten Person in einer Situation *vorhanden* sein, wenn die unerwünschte Handlungsalternative sich einfach aus dieser Situation ergibt. Das trifft für den Zwang der ökonomischen Verhältnisse zu.

Die von Marx analysierte Situation wird damit noch deutlicher. Die Lohnarbeiterin will weder sterben noch als Humanressource einem Unternehmer zuhanden sein. Aber weil sie »als Mensch« das Überleben dem Verhungern vorziehen *muss*, begibt sie sich in ein Herrschaftsverhältnis. Sie hat keine andere Wahl, und die Unternehmer wissen das. Die Lohnarbeiterin arbeitet für wenig Geld, ist gefügig und jederzeit bereit, ihrem Vorgesetzten zu Diensten zu sein.

Das reale Herrschaftsverhältnis wird aber nach außen – zum Schein – *rechtlich* als ein Verhältnis zwischen freien und gleichen Rechtspersonen dargestellt.

§ 49. Darf oder muss der Zwang der ökonomischen Verhältnisse sein?

An der Beantwortung der Frage, ob der Zwang der ökonomischen Verhältnisse legitim ist, scheiden sich die Vertreter des Liberalismus von den Vertretern des Sozialismus.

Liberale Theoretiker wie Friedrich August von Hayek (1899–1992) gehen davon aus, dass der Zwang der ökonomischen Verhältnisse unvermeidlich ist. »Die Gesellschaft« ist seines Erachtens kein handlungsfähiges Subjekt und soll es auch nicht sein. Da sich der Zwang der ökonomischen Verhältnisse durch eine staatliche Intervention nicht abschaffen lässt, weil jeder Versuch dazu zum Scheitern verurteilt wäre oder bloß noch Schlimmeres brächte, ist niemand für diesen Zwang verantwortlich.

Aus liberaler Sicht lässt sich der Zwang der ökonomischen Verhältnisse aber auch insofern rechtfertigen, als niemand erwarten dürfe, in seinem Lebensprojekt von anderen unterstützt zu werden, wenn er nicht dazu bereit wäre, andere gleichfalls zu unterstützen.

Das effektivste Mittel, außerhalb eines familiären Kontexts die Wünsche von Personen zu kommunizieren und gegenseitig zu befriedigen, sind Märkte. In deren Kontext nötigt der Zwang der ökonomischen Verhältnisse zur Anpassung des Verhaltens an die gesellschaftliche Nachfrage. Eine solche Anpassung mag moralisch geboten erscheinen, wenigstens solange folgende Bedingungen erfüllt sind: (1) die Anpassungsforderung betrifft alle in gleicher Weise, (2) sie fördert den Wohlstand aller und (3) sie eröffnet hinreichend attraktive Chancen zur Selbstentfaltung. Der Zwang ökonomischer Verhältnisse fungiert unter diesen Bedingungen als ein effektives Mittel, um zur Erfüllung der allgemeinen Anpassungsforderung beizutragen.

Marx sah das bekanntlich anders. Seines Erachtens ist der Zwang der ökonomischen Verhältnisse das Ergebnis der Unterlassung, sich kollektiv über die privatautonome Koordination des Verhaltens auf Märkten zu erheben.

Was zu einer solchen Erhebung motivieren soll, erklärt sich aus der Erfahrung von Entfremdung.

§ 50. Entfremdung

Der Zwang der ökonomischen Verhältnisse wird vom Rechtsverhältnis sowohl zugelassen als auch durchgesetzt. Das Resultat ist nach Marx' früher Analyse die Entfremdung von anderen Menschen und die Entfremdung von einem selbst.

In der »Charaktermaske« der willkürfreien Rechtsperson beteiligen sich Menschen an Verhältnissen des Austauschs. Weil die Beziehung zwischen ihnen durch den Tausch vermittelt ist, sind die Bedürfnisse der Personen für andere nur insofern relevant, als sie etwas zum Tauschen haben. Ich schreibe Bücher. Du braust Bier. Mein Bedürfnis nach Bier ist für dich nur insofern relevant, als du an meinen Büchern Interesse hast. Unter dieser Bedingung wirst du bereit sein, meinen Verzehr deines Biers durch Exemplare meiner Bücher entgolten zu bekommen. Wenn du meine Bücher nicht brauchst, habe ich Pech gehabt. Dass und welche Bedürfnisse ich habe, interessiert dich nicht. Ich bin für dich Rechtsperson. Ich bin rechts- und handlungsfähig. Dich interessiert nur, was ich vermöge dieser Eigenschaft rechtsgültig tauschen kann.

Wir anerkennen einander nicht auf der Ebene unserer Bedürfnisse. Wir sind nicht nur keine Liebenden, wir sind einander auch ganz fremd. Was dich antreibt, kann ich bestenfalls daraus erahnen, was du zum Tausch anbietest. Aber ganz sicher kann ich mir nicht sein.

Das Rechtsverhältnis und das Tauschverhältnis besiegeln damit die Entfremdung vom anderen Menschen.

Die Befriedigung der eigenen Bedürfnisse kann man nur sichern, indem man Marktmacht aufbaut. Marktmacht hat man, insofern man Dinge anbietet, die von anderen nachgefragt werden. Ich liebe es, Bücher zu schreiben. Aber leider ziehst du es vor, in deiner Freizeit Musik zu hören. Du liest nichts. Ich passe mich an. Ich lerne Klavier, um dir darauf vorzuspielen. Lieber würde ich Bücher schreiben. Aber das verschafft mir keine Marktmacht. Also versuche ich, Tonleitern zu spielen. Ich entfremde mich von mir selbst. Weil ich muss, lebe ich das Leben eines anderen. Mein Leben ist ein mir fremdes Leben.

§ 51. Dekommodifizierung

Die Entfremdung vom Anderen und die Entfremdung vom eigenen Selbst gehören zusammen. Das vermittelnde Element ist das Ringen um Marktmacht.

Gibt es einen Ausweg aus der Entfremdung?

Mit dem Ende der kommunistischen und sozialistischen Experimente dürfte nur mehr ein Weg verbleiben: Die »Dekommodifizierung«, also die Verringerung der menschlichen Abhängigkeit vom Markt, und die Ausnahme von sozialen Sphären vom (rein) monetär gesteuerten Austausch.

Dekommodifizierend wirken etwa Formen der *solidarischen Risikoübernahme*. Auf ihrer Grundlage gibt es Arbeitslosengeld bei Verlust des Arbeitsplatzes, öffentliche Pensionsleistungen und die Unterstützung der Älteren und Kränkeren durch die Jüngeren und Gesünderen im Rahmen der sozialen Krankenversicherung.

Der kostenlose Schulbesuch, die Schaffung von leistbarem Wohnraum, ein allgemein zugängliches Verkehrsnetz, öffentlich zugängliche Freizeiteinrichtungen und subventionierte Kulturstätten ermöglichen den Genuss von Gütern und Dienstleistungen, die unter rein marktwirtschaftlichen Vorzeichen wohl nur einem geringeren Teil der Bevölkerung zugänglich wären.

Freiheit, Gleichheit und Gegenseitigkeit

§ 52. Einleitung

Die Prinzipien, die das Rechtsverhältnis normativ bestimmen, sind die Freiheit, die Gleichheit und die Gegenseitigkeit. Aus deren Perspektive wird die Gerechtigkeit für das Rechtsdenken relevant.

Im Kontext des Rechtsverhältnisses tritt die Freiheit als Willkürfreiheit auf. Ihr lassen sich unterschiedliche Verständnisse beilegen (siehe unten § 55–§ 57).

Die Gleichheit ist von Bedeutung einerseits als sogenanntes Willkürverbot und andererseits als Prinzip, das vor Diskriminierung schützt. Die Gleichheit im Rechtssinn setzt sich aus diesen beiden Elementen zusammen.

Die Gegenseitigkeit geht über die Gleichheit im Sinne der Abwehr von Diskriminierungen hinaus. Bei der Gleichheit geht es um Gleichbehandlung und damit um die Frage, wie sich jemand einer anderen Person gegenüber verhalten darf. Zu beurteilen ist, welches Verhalten der Person aufgrund ihres Status als einer gleichen Person unter anderen geschuldet ist. Demgegenüber stellt die Gegenseitigkeit darauf ab, was eine Person einer anderen aufgrund einer Beziehung schuldet, in der sie sich zueinander verhalten (die eine tut dies, der andere tut jenes). Der Gegenseitigkeit lässt sich ein unterschiedlicher Sinn beilegen, je nachdem, wie das »zueinander Verhalten« oder Zusammenwirken zwischen den Menschen verstanden wird. Ausbuchstabiert wird die solcherart verschieden interpretierte Gegenseitigkeit in Verständnissen von Gerechtigkeit.

Erstens lässt sich das Zusammenwirken als im Wesentlichen freier Austausch zwischen unabhängigen Individuen verstehen. Robert Nozicks (1938–2002) »entitlement theory« beruht auf dieser Idee. Güter und Leistungen werden von Menschen in Selbstverantwortung produziert und zum freien Austausch angeboten (siehe unten § 66).

Zweitens lässt sich aber auch von der Einsicht ausgehen, dass wir nichts alleine zustande bringen, weil wir immer auf die Zusammenarbeit mit anderen angewiesen sind. Wir erwirtschaften ein Gesamtprodukt, dessen Verteilung der Gegenseitigkeit zu genügen hat. Diese Gegenseitigkeit kann nun nicht dieselbe sein wie jene von wechselseitig unabhängigen Vertragspartnern, die zufällig miteinander in Kontakt treten. Vielmehr handelt es sich um die Gegenseitigkeit zwischen allen, die prinzipiell gleichwertige Beiträge zur Erwirtschaftung des gemeinsamen Wohlstands beitragen. Die Frage, die sich in diesem Zusammenhang stellt, ist die, ob es überhaupt soziale Ungleichheiten geben darf, und wenn ja, in welchem Umfang.

Drittens kann man darüber hinaus auch darauf achten, dass die Freiheit nicht nur in einem negativen Sinne eine gegenseitige ist, als jeder dazu verbunden ist, die Beeinträchtigung der Freiheit der anderen zu unterlassen, sondern dass die Freiheit des einen die Freiheit des anderen ermöglicht. Der Staatsrechtslehrer Dieter Suhr (1939–1990) sprach in diesem Zusammenhang von der Entfaltung des Menschen durch den Menschen. Verhältnisse der sozialen Freiheit können indessen nicht immer auf spontaner Gegenseitigkeit beruhen. Sie müssen, wenn es um die soziale Kooperation im Ganzen geht, durch die Einsicht vermittelt werden, dass wir wechselseitig Bürden tragen müssen, um die Freiheit der anderen zu ermöglichen. Aufgrund dieser Einsicht stellt sich die soziale Gerechtigkeit als durch soziale Freiheit vermittelt dar.

An diesen Überlegungen zeigt sich, dass das, was unter (sozialer) Gerechtigkeit verstanden wird, von der zugrunde liegenden Gesellschaftsauffassung abhängig ist (Peter Koller [*1947]).

VII. Freiheit und Gleichheit

§ 53. Innere und äußere Freiheit

Beim Recht geht es um die äußere Freiheit. Es ermöglicht die Freiheit der Willkür (*freedom of choice*), die sich ins Handeln übersetzt. Äußerlich frei ist, wem keine Hindernisse auferlegt sind, sich für etwas zu entscheiden, und das, wofür er sich entschieden hat, auszuführen. Willkürfreiheit ist Handlungsfreiheit.

Die innere Freiheit betrifft etwas anderes. Hier geht es um Zwänge, die aus der Person selbst kommen. Der wohlhabende Antoninus hätte alle Mittel, sein Leben zu genießen und seinen wahren Interessen nachzugehen. Aber aufgrund eines inneren Zwangs ist er dazu bestimmt, sich um sein Recycling-Unternehmen zu kümmern. So verbringt er tagein tagaus seine Zeit auf der Mistsammelstelle und beklagt sich darüber, dass er der Sklave seines Betriebs ist.

Die innere Freiheit wirft die alte Frage auf, ob man wirklich frei ist, wenn man das tut, was nicht im eigenen Interesse ist. Wenn man tut, was einem schadet oder worunter man leidet, so ist dies ein Indiz dafür, dass man einem Willen gehorcht, der nicht der eigene ist. Das Leben ist unglücklich, weil es unauthentisch ist. Es ist nicht von einem selbst verfasst. Es steht also zu vermuten, dass Antoninus das Leben lebt, das seine Eltern, die den Recycling-Betrieb aufgebaut haben, für ihn geschaffen haben. Er gehorcht einem Willen, der nicht sein eigener ist.

Für den äußeren Freiheitsbegriff des Rechts ist dieses Phänomen zunächst unerheblich. Das Thema wird allerdings in abgewandelter Form im Kontext der Gleichheit wiederkehren.

Davon abgesehen ist die innere Freiheit ein Thema der Psychotherapie.

§ 54. Beeinträchtigung und Eingriff

Wer nichts hat, kann auch nichts anfangen. Die schönste Willkürfreiheit fruchtet nichts, wenn man keine Ressourcen hat, um sie zu betätigen. Vom Genuss der Freiheit kann man dann nur träumen. Man kann ihn sich einbilden.

Wer arm ist, ist auch nicht frei (oder ist dies nur in geringem Umfang). G.A. Cohen (1941–2009) hat dies am Beispiel des Geldes verdeutlicht. Ein Geldbetrag ist wie eine Fahrkarte, auf der die unterschiedlichsten Destinationen aufgedruckt sind, die um diesen Betrag zu erreichen sind. Wer Geld hat, ist frei, an alle diese Ort zu fahren. Wer mehr Geld hat, ist freier als die, die weniger Geld haben. Er kann auch entlegene Orte besuchen. Mit der Ungleichverteilung des Geldes ist auch die äußere Freiheit ungleich verteilt.

Philip Pettit (*1945) hat herausgestellt, dass die äußere Freiheit – die Freiheit der Willkür – von der Verfügung über Ressourcen abhängig ist. Das ergibt sich daraus, dass alle Hindernisse der Willkürfreiheit den objektiven und kognitiven Zugang zu Ressourcen betreffen, die einer Person zur Verfügung stehen. Die Ressourcen können persönlicher, materieller und sozialer Art sein (36-7). Zu den persönlichen Ressourcen gehören etwa die physische Mobilität und das adäquate Verständnis der Möglichkeiten, die einem offenstehen. Zu den materiellen Ressourcen zählen etwa Dinge wie Nahrung, Kleidung, aber auch elektrischer Strom. Zu den sozialen Ressourcen gehören beispielsweise Konventionen, die Akten eine bestimmte Bedeutsamkeit verleihen, oder Einrichtungen wie der Postverkehr.

Einschränkungen der Willkürfreiheit sind stets Hindernisse des Ressourcengebrauchs (auch wenn sie bloß die elementare persönliche »Ressource« des eigenen Körpers betreffen). Solche Einschränkungen können darauf beruhen, dass Ressourcen generell nicht vorhanden sind oder nicht funktionieren. Ein kaputtes Auto schränkt den Gebrauch der Freiheit ein, weil man nirgendwo hinfahren kann. Pettit bezeichnet solche allgemeinen und nicht gezielten Einschränkungen als »Beeinträchtigungen« der Freiheit (Pettit spricht von *vitiation*).

Eine Einschränkung des Ressourcengebrauchs kann aber auch von jemandem für bestimmte Tätigkeiten oder Zwecke verhängt werden. Die Einschränkung geht dann von einer Person aus, die solcherart in die Freiheit von anderen Personen *eingreift* (Pettit bezeichnet Eingriffe auf Englisch als *interferences*). Eine Raucherin, der von einem Gastwirt das Rauchen untersagt wird, erleidet einen Eingriff in ihre Freiheit. Eine Raucherin, die bloß ihr Feuerzeug vergessen hat und sich deswegen keine Zigarette anzünden kann, ist in ihrer Freiheit bloß beeinträchtigt.

Der Eingriff in die Freiheit kann sich darin manifestieren, dass eine Form des Ressourcengebrauchs untersagt oder modifiziert oder die Person über ihre Handlungsmöglichkeiten getäuscht wird. Auch die Ersetzung der Erlaubnis des Rauchens durch die Erlaubnis zum »vaping« ist ein Eingriff.

§ 55. Liberale Freiheit (1)

Hobbes' Beschreibung der Freiheit ist wie folgt (*Leviathan*, Kap. XIV, 107):

Unter Freiheit versteht man im eigentlichen Sinne die Abwesenheit äußerer Hindernisse; diese Hindernisse mögen einem Menschen oft einen Teil seiner Macht nehmen, zu tun, was er möchte, können ihn aber nicht daran hindern, die verbleibende Macht so zu gebrauchen, wie es ihm Urteilskraft und Vernunft gebieten.

Nach Hobbes sind die Menschen nicht unfrei, andere Ziele zu verfolgen, solange ihnen zur Verfolgung anderer Ziele noch Handlungsmacht verbleibt. Ein Eingriff liegt daher nur insofern vor, als die von einer Person bevorzugte Handlungsoption untersagt oder beseitigt wird und es damit unmöglich ist, ein Ziel zu erreichen. Ein Rauchverbot greift in die Freiheit der Nichtraucher nicht ein. Das Verbot der Eheschließung zwischen gleichgeschlechtlichen Partnern schränkt die diesbezügliche Freiheit der Heterosexuellen nicht ein.

Nach Hobbes liegt ein Eingriff also bloß dann vor, wenn die Verfolgung eines Handlungsziels vereitelt wird. Einem Menschen zu verbieten oder ihm gezielt zu verunmöglichen, eine Handlung auszuführen, die er ausführen will, bedeutet, in seine äußere Freiheit einzugreifen.

Das mutet plausibel an. Aber die Plausibilität nimmt ab, wenn man bedenkt, unter welchen Bedingungen sich die solcherart hergestellte Freiheit der Menschen wiederherstellen ließe. Zum einen ist natürlich an die Unterlassung des Eingriffs zu denken; zum anderen ist es aber auch denkbar, dass die betroffene Person ihre Wünsche an bestehende Verbote und andere von Menschen geschaffene Hindernisse anpasst. Angesichts von mehr und mehr Rauchverboten hören die Raucher mit dem Rauchen auf. Sobald sie nicht mehr rauchen wollen, sind sie wieder genauso frei wie die Nichtraucher.

Das Beispiel mag das Problem vielleicht nicht klar genug zu erkennen geben. Wie wäre es um die Religionsfreiheit bestellt, wenn man jemandem sagte, es stünde ihm jederzeit frei, von seinem katholischen Glauben zu lassen und Buddhist zu werden? Wenn ihm die Konversion gelänge, dann würde das Verbot der katholischen Religion keinen Eingriff in seine Religionsfreiheit bedeuten. Verallgemeinert man diesen Gedanken, dann bedeutet dies, dass es möglich ist, sich zu befreien, indem es einem gelingt, seine Wünsche an seine Ohnmacht, sich der Eingriffe anderer zu erwehren, anzupassen. Der Gefangene, der nichts anderes will, als in seiner Zelle zu leben, ist frei.

Durch diese Konsequenz verkehrt sich die Freiheit in die Unfreiheit. Hobbes' Sicht ist von Isaiah Berlin (1909–1997) deshalb denkwürdig kritisiert worden. Sich zu befreien, indem man sich an den Wunsch einer anderen Person anpasst, die einem die eigene Freiheit einzuschränken trachtet, ist eine absurde Idee (*Four Essays on Liberty*, Oxford 1969, xxxix, xlviii).

Das ändert aber nichts daran, dass die Hobbes'sche Konzeption einer Eingriffsfreiheit, die sich darin manifestiert, dass die Wunscherfüllung nicht vereitelt wird, ein Ausdruck eines elementaren liberalen Freiheitsverständnisses ist. Dieses setzt immer schon voraus, dass in einer freien Gesellschaft die Menschen ihre Bestrebungen und Wünsche an vorhandene Möglichkeiten anpassen können. Diese Möglichkeiten werden unter anderem durch staatliche Eingriffe vielfältig eingeschränkt. Damit durch diese Einschränkungen die Freiheit nicht als beseitigt gilt, ist immer schon vorauszusetzen, dass es die Freiheit der Menschen nicht berührt, wenn sie über ihre Wünsche disponieren. Das Disponieren über Präferenzen greift nicht in die Freiheit ein. Es gilt vielmehr als deren Manifestation.

§ 56. Liberale Freiheit (2)

Aus dieser Kritik geht eine zweite Position hervor. Sie rückt ebenfalls die Eingriffsfreiheit ins Zentrum und setzt auf die »negative« Freiheit (ebd., xlviii):

> The extent of a man's negative liberty is, as it were, a function of what open doors, and how many, are open to him; upon what prospects they are open; and how open they are.

Auch die Türen zu den Handlungen und Zielen, die momentan kein Gegenstand eines Wunsches sind, dürfen nicht verschlossen werden. Auch der gezielte Entzug, die Veränderung oder die bewusste Manipulation einer nicht gewünschten Option stellen einen Freiheitseingriff dar. Die Nichtraucher sind aufgrund des Rauchverbots auch weniger frei, als sie es ohne ein solches Verbot wären. Sie dürfen das Tabakrauchen nicht ausprobieren, auch wenn sie es wollten.

Laut Berlin ist damit das Thema der äußeren Freiheit erschöpft. Durch die bloßen Umstände – also durch Beeinträchtigungen – wird man nicht unfrei. Solche Beeinträchtigungen sind niemandes Produkt (ebd., 122):

> You lack political liberty or freedom only if you are prevented from attaining a goal by human beings. Mere incapacity to attain a goal is not lack of political freedom.

Somit gelangt man zu einem zweiten liberalen Freiheitsbegriff. In die Freiheit greifen nur andere Menschen ein. Anonyme Kräfte wie »die Gesellschaft« gehören nicht dazu. Daher ist die Schlussfolgerung ganz ähnlich wie beim ersten liberalen Freiheitsbegriff. Während man sich nach dem ersten liberalen Freiheitsbegriff an den Willen des Eingreifenden anpasst und seine Wünsche modifiziert (Hobbes), um die verlorene Freiheit wiederzuerlangen, passt man sich nach dem zweiten liberalen Freiheitsbegriff an die Umstände an (Berlin). Allerdings liegt darin kein Gewinn der Freiheit mehr. Die hat man ohnedies nie verloren. Es handelt sich bloß um den klugen Gebrauch dieser Freiheit.

§ 57. Liberale Freiheit (3)

Dem liberalen Eingriffsmodell stellen die »Neo-Romans« oder »Republicans« den Status der Selbständigkeit gegenüber. Pettit erläutert es mit einem Argument, das ganz parallel zu dem verläuft, was Berlin gegen Hobbes vorgebracht hat.

Es ist denkbar, Eingriffsfreiheit sicherzustellen, indem man der Machthaberin schmeichelt oder ihr schöne Augen macht. Die Kriecherei mag der Preis dafür sein, dass man in Ruhe gelassen wird. Der Rekurs auf solche Strategien setzt aber voraus, dass es jemand in der Hand hat, jederzeit und ohne weitere Angabe von Gründen in die Freiheit einzugreifen. Das wirft die Frage auf, ob jemand wirklich frei sein kann, der sich den Status der Eingriffsfreiheit durch Kriecherei, Buckeln und Speichellecken erwirbt. Die Frage ist zu verneinen, auch deswegen, weil das Vorhandensein von Optionen vom Wohlwollen der Machthaberin abhängt. Es ist zu erwarten, dass sich die solcherart »freien« Menschen durch Einschüchterungen oder die bloße Beaufsichtigung seitens der Machthaberin verunsichern lassen.

Frei ist demgegenüber nur, wer vor willkürlichen Eingriffen sicher ist. Pettit und Quentin Skinner (*1940) sprechen in diesem Zusammenhang von der Freiheit von »domination« (Pettit, ebd., 50, 58):

Someone, A, will be dominated in a certain choice by another agent or agency, B, to the extent that B has a power of interfering in the choice that is not itself controlled by A. [...] Arbitrary interference [...] [is] [...] uncontrolled interference; that is, interference that is exercised at the will or discretion of the interferer; interference that is uncontrolled by the person on the receiving end.

Wenn jemand dem Ermessen von einem anderen unterworfen ist, der befugt ist, die betroffene Person beliebig herumzukommandieren, dann fehlt es, wie man unter Bezugnahme auf die kantianische Terminologie sagen kann, dieser Person an Selbständigkeit. Ihr mangelt es am Status einer freien Person. Kant ließ keinen Zweifel daran, dass damit Personen gemeint sind, denen die rechtlich abgesicherte Macht fehlt, nicht den beliebigen Anordnungen eines »Meisters« Folge leisten zu müssen:

Derjenige, welcher ein Opus verfertigt, kann es der *Veräußerung* an einen anderen bringen, gleich als ob es sein Eigentum wäre. Die praestatio operae aber ist keine Veräußerung. Der Hausbediente, der Ladendiener, der Taglöhner, selbst der Friseur sind bloß Operarii, nicht Artifices (in weiterer Bedeutung des Worts), und nicht Staatsglieder, mithin auch nicht Bürger zu sein qualifiziert. (»Über den Gemeinspruch«, *Werkeausgabe in zwölf Bänden*, hrsg. W. Weischedel, Frankfurt 1968, Bd. 11, 151 Fußnote)

Selbständig oder »nicht dominiert« ist man nur dann, wenn die Eingriffe, die man erleidet, nicht dem Ermessen des Eingreifenden anheimgestellt sind. Sie bedürfen der politisch vermittelten Autorisierung seitens dessen, der Eingriffe dulden muss.

Pettit und Skinner bezeichnen dieses Verständnis von Freiheit als »republikanisch« oder »neo-römisch«. Das ist irreführend. Denn es fehlen die für den Republikanismus charakteristische Emphase auf die Partizipation in öffentlichen Angelegenheiten und die Relevanz der Bürgertugend. Daher handelt es sich um nichts anderes als die alte, schon von Georg Jellinek zelebrierte »Freiheit von gesetzwidrigem Zwang«. Mit ihr wird ein drittes Verständnis von liberaler Freiheit formuliert:

> Das Individuum soll vom Staate zu keiner gesetzwidrigen Leistung herangezogen werden und hat demnach einen auf Anerkennung seiner Freiheit beruhenden Anspruch auf Unterlassung und Aufhebung der diese Norm überschreitenden obrigkeitlichen Befehle. (Georg Jellinek, *System der subjektiven öffentlichen Rechte*, 2. Aufl., Tübingen 1905, 103)

Dieses Verständnis von Freiheit als *status negativus* ist eng mit der Rule of Law und dem Rechtsstaat verbunden. Sowohl Lon Fullers Prinzipien der sogenannten »internen Moral des Rechts« als auch Nigel Simmonds analytisch anspruchsvollere Ausarbeitung dieser Idee stellen darauf ab, dass der Status der Menschen als freie Rechtspersonen verletzt würde, wenn ihre Pflichten nicht halbwegs klar oder vorweg absehbar wären (siehe *Rechtstheorie zur Einführung*, 71–74).

§ 58. Die komplexe Gleichheit

Unsere soziale Lebenswelt ist geprägt von zahllosen Gerechtigkeitsauffassungen, die uns als mehr oder minder einleuchtend erscheinen. In ihnen werden bestimmte Güter oder Lasten mit Verteilungskriterien verbunden. Schulnoten sind nach Leistung zu vergeben. Im wirtschaftlichen Wettbewerb darf sich durchsetzen, wer »tüchtiger« als andere ist. Wer schwer verletzt ist, muss behandelt werden.

Der amerikanische Philosoph Michael Walzer (*1935) hat herausgearbeitet, dass diese Kriterien von der sozialen Bedeutung von Gütern bestimmt sind. Ob jemand geliebt wird oder nicht, unterliegt niemandes Kontrolle. Daher gibt es für die Verteilung der Liebe kein Kriterium. Gesundheit ist ein besonders hohes Gut. Es wäre untragbar, wenn die Krankenbehandlung letztlich vom Vermögen oder Einkommen abhängig wäre. Allerlei Dinge, die uns das Leben versüßen, werden auf Märkten vertrieben und sind für Geld zu erwerben. Wer mehr Geld hat, mag sich getrost mehr Zeug zulegen. Manche Dinge – wie schicke Schuhe oder geile Outfits – sind zum »Shoppen« da. Die politische Macht ist idealerweise der Ausdruck des Vertrauens, das die Menschen in jemanden setzen. Man erwirbt dieses Vertrauen durch Wählerstimmen.

Nach Walzer ist es für die Gerechtigkeit von Verteilungen wesentlich, dass die Kriterien, welche die Verteilung eines Gutes bestimmen, nicht auf andere Güter übergreifen. Andernfalls wird ein Gut in ein anderes »umgewandelt«. Die soziale Bedeutung und die Kriterien für den Erwerb des einen Gutes verändern sich zugunsten derer, die über das andere Gut verfügen.

Schon der junge Marx notierte, dass Geld alles kaufen könne. Es erwirbt sexuelle Dienstleistungen ebenso wie politischen Einfluss. Die Liebe und die politische Macht werden dadurch zu Waren. Einfluss und Attraktivität bemessen sich nach dem Vermögen. Umgekehrt kann das Vermögen eine Konsequenz von politischem Einfluss sein. Der Reichtum wird zum Ausdruck von Macht. Walzer hält den Kapitalismus begreiflicherweise für etwas anfällig, das er als die »Dominanz« und »Tyrannei« des Geldes bezeichnet. Schritt für Schritt wird alles zur Ware: die Erziehung, die Gesundheit, die Liebe.

Um die universelle Kommodifizierung abzuwehren, tritt Walzer für etwas ein, das er »komplexe Gleichheit« nennt. Diese sei dann gewährleistet, wenn jedes Gut aufgrund der seiner Bedeutung angemessenen Kriterien verteilt werde. Unter dieser Bedingung bleibe das offene Distributionsprinzip gewahrt. Dieses wird von Walzer folgendermaßen charakterisiert:

> No social good X should be distributed to men and women who possess some other good Y merely because they possess Y and without regard to the meaning of X. (*Spheres of Justice*, Oxford 1986, 20)

Die Begriffsbildung »komplexe Gleichheit« versteht sich aus dem Kontrast zur »simplen« Gleichheit. Sie laufe auf die Gleichverteilung eines bestimmten Gutes hinaus. Walzer lehnt sie ab, weil sie immer wieder erneut zu Ungleichheiten führe. Die »komplexe Gleichheit« hat daher nicht wirklich etwas mit Gleichheit zu tun, sondern mit der Integrität einer Gerechtigkeitsordnung, die darauf bedacht ist, dass die jeweiligen Verteilungskriterien für Güter nicht auf andere Güter übergreifen. Sie ist ein schlechter Name für ein interessantes Programm, das uns allerdings kein kritisches Prinzip zuspielt, welches uns dabei unterstützen könnte, den angemessenen Anwendungsbereich von Verteilungskriterien zu bestimmen.

Die komplexe Gleichheit enthält allerdings einen indirekten Bezug zu einem landläufigen Verständnis von Gleichheit, wonach diese fordere, Gleiches gleich und Ungleiches ungleich zu behandeln. Was als gleich oder ungleich zu betrachten ist, lässt sich allerdings nur unter Rekurs auf Verteilungskriterien angeben. Dass die besseren und die schlechteren Teams in relevanter Hinsicht ungleich sind, zeigt sich erst, wenn es um die Frage geht, welches Team in die nächsthöhere Liga aufsteigen darf. Dass die Menschen adeliger Abstammung und die charismatischen Politiker in relevanter Hinsicht ungleich sind, zeigt sich bei der Anwendung des Verteilungsprinzips für politische Ämter, nämlich allgemeine und freie Wahlen. Dieses Verständnis von Gleichheit assimiliert deren Gewährleistung an die Anwendung von Kriterien der Gerechtigkeit. Der eigentliche Sinn des Gleichheitsrechts geht damit verloren.

§ 59. Gleichheit: Das Willkürverbot

Die Gleichheit fordert die Gleichbehandlung. Sie gewährt ein derivates Recht auf etwas. Die Anwendbarkeit des Gleichheitsrechts setzt voraus, dass eine andere Person begünstigt worden ist. Unter dieser Bedingung kann ein Anspruch auf das Gleiche entstehen. Der Anspruch leitet sich davon ab. Was A erhalten hat, soll auch B erhalten.

Die Gleichheit fordert die Gleichbehandlung allerdings nicht unbedingt. Die Gleichbehandlung ist nur dann gefordert, wenn es keine guten Gründe für die Ungleichbehandlung gibt. Im Lichte der teleologischen Struktur – des Zweck-Mittel-Zusammenhangs – des Handelns kommt oft eine Vielzahl von guten Gründen in Betracht. A verdient mehr als B. Es ist nicht unvernünftig, A mehr Steuern zahlen zu lassen als B, weil die wirtschaftliche Leistungsfähigkeit von A vergleichsweise größer ist. A will Ärztin werden, B ein Laufcoach. A muss einen universitären Abschluss erwerben, B nicht, weil der Staat ein unwägbares Risiko einginge, wenn Menschen ohne wissenschaftliche Berufsvorbildung zum Arztberuf zugelassen würden.

Angesichts der vielen denkbaren guten Gründe für eine Ungleichbehandlung kann das Gleichheitsrecht nur Schutz gewähren, wenn sich Gründe identifizieren lassen, die unzureichend sind, um eine Ungleichbehandlung zu begründen.

Zunächst gilt das Handeln aufgrund unzureichender Gründe – vor allem im modernen Verfassungsrecht – als Willkür (wobei Willkür in diesem Zusammenhang pejorativ verstanden wird). Mit Blick auf die teleologische Struktur des Handelns manifestiert sich diese Willkür an dem mangelnden Zusammenhang zwischen dem denkbaren Ziel einer Regelung und der Ungleichbehandlung als einem Mittel, das Ziel zu erreichen. Die Ungleichbehandlung ist kein geeignetes Mittel der Zielverfolgung.

Wenn alle Ausländer, die den Arztberuf ergreifen wollen, einen Test über österreichische Kulturgeschichte zu bestehen haben, damit sie sich in Österreich als Ärztin oder Arzt niederlassen dürfen, fallen sie einer willkürlichen Anordnung oder Regelung zum Opfer. Es besteht kein instrumenteller Zusammenhang zwischen der österreichischen Kultur und der erfolgreichen Ausübung des Arztberufs.

Wegen der Irrationalität der Ungleichbehandlung ist zu vermuten, dass die Ungleichbehandlung in Wahrheit bezweckt, die Betroffenen zu schädigen oder zu unterdrücken.

Vor dieser Form der Ungleichbehandlung schützt das Gleichheitsrecht als Willkürverbot.

§ 60. Gleichheit: Diskriminierungen

Der Gleichheitsverstoß kann aber auch darin bestehen, dass der Grund der Ungleichbehandlung etwas betrifft, das die Menschen als unverfügbar betrachten dürfen. Dazu gehören nicht nur sozial auffällige Eigenschaften, die zu besitzen die Betroffenen nicht vermeiden können (z.B. die »Rasse«, das Geschlecht, die Herkunft), sondern auch Überzeugungen oder Lebensweisen, die über die persönliche Identität der Menschen den Ausschlag geben. Ungleichbehandlungen aufgrund der nationalen Herkunft oder des religiösen Bekenntnisses gehören dazu.

In diesem Zusammenhang wird immer wieder von »unveränderlichen Merkmalen« gesprochen. Das ist zwar nicht ganz unrichtig, aber dennoch irreführend. Die in diesem Kontext relevante Unveränderlichkeit ist keine *quaestio facti.* Sie ist normativer Art. Sie bezeichnet eine Grenze, die den sozialen Anpassungszwängen gezogen wird.

Das mag deutlich werden, wenn man sich etwa die Bedeutung religiöser Überzeugungen vor Augen führt. Diese sind, wenn ernst gemeint, nicht gewählt, sondern entdeckt. Wenn man den eigenen Glauben für wahr hält, kann man ihn nicht einfach ablegen und durch einen anderen ersetzen. Der Diskriminierungsschutz respektiert die Unverfügbarkeit des Glaubens für den Gläubigen. Er schützt davor, dass Menschen, um soziale Nachteile vermeiden zu können, zu Strategien des Verbergens, Kaschierens oder zu anderen Formen der Selbstverleugnung Zuflucht suchen. Vielmehr wird anerkannt, dass sie ohne Nachteil als das auftreten können, als was sie sich selbst begreifen. Es soll ihnen möglich sein, mit erhobenem Haupt durch die soziale Welt zu gehen. Das Unrecht von Diskriminierung manifestiert sich nicht zuletzt darin, dass Menschen eine Benachteiligung nur vermeiden können, wenn sie geschickt verbergen oder verleugnen, wer sie gemessen an ihrem Selbstverständnis wirklich sind.

Aus dieser letzteren Konsequenz erklärt sich auch, weshalb der Diskriminierungsschutz an sozial auffällige Merkmale anknüpft, die Menschen zum Nachteil geraten und die zu tragen sie nicht vermeiden können. Es handelt sich um Merkmale wie das »Geschlecht«, die »Rasse« oder die »nationale Herkunft«. Die Pointe des Diskriminierungsschutzes besteht darin, für die Angehörigen diskriminierter Gruppen den herabwürdigenden Charakter der Benachteilung aufgrund eines völlig irrelevanten Merkmals umzukehren. Die Zugehörigkeit zu einer »Rasse« wird so behandelt, als wäre sie von persönlicher Wichtigkeit und beruhte auf einer Einsicht in das, was für einen selbst das Gute ist. Darin liegt eine gewisse Ambivalenz, weil der Diskriminierungsschutz die Wichtigkeit der Zugehörigkeit zu Gruppen unterstreicht und damit die Gruppenidentität von Personen hervorhebt, auch wenn ihnen diese gar nicht wesentlich sein mag.

Sowohl im Fall der Religion als auch im Fall der Zugehörigkeit zu einer »Rasse« gibt das Recht vermöge seiner Form etwas als gewählt aus, auch wenn es nicht als gewählt erfahren wird.

Einerseits nimmt dies der religiösen Überzeugung oder der Zugehörigkeit zu einer Gruppe das drückend Imperative oder Substanzialistische; andererseits befreit es symbolisch das Entscheiden von sozialen Anpassungszwängen. Man ist frei, ein Atheist zu sein. Man muss seine Einstellung nicht verbergen, um Nachteile zu vermeiden. Solcherart ist es möglich, innerhalb einer Gesellschaft, die uns stets mit ökonomischen oder kulturellen Adaptionsimperativen konfrontiert, über diese Gesellschaft hinaus zu sein.

Nicht jede persönliche Erfahrung des unverfügbaren Soseins lässt sich durch die Gleichheit schützen. Wäre dem so, dann könnte unser Zusammenwirken nicht mehr funktionieren, weil alle für sich den Opferstatus in Anspruch nehmen könnten, indem sie behaupten, die Strukturen der Kooperation seien dafür blind, wer oder was sie wirklich seien. Es ist eine Frage der geschichtlich zu vollziehenden Selbstbehauptung von Gruppen, ob sich Diskriminierungstatbestände durchsetzen können. Das ist die bittere Aporie des Gleichheitsrechts. Die Gleichheit ist zwar das Freiheitsrecht der sozial Schwachen, aber die Schwachen müssen sehr stark sein und gemeinsam für die Würde ihres Soseins ein- und aufstehen, um letztlich durch einen Diskriminierungstatbestand geschützt zu werden.

Sowohl in Fällen von Willkür als auch bei Diskriminierungen wird den Menschen ihre Ohnmacht vorgeführt, eine Benachteiligung nicht vermeiden zu können. Deswegen sind Ungleichbehandlungen grundsätzlich demütigend.

VIII. Gerechtigkeit

§ 61. Gegenseitigkeit und Gerechtigkeit

Aus der Perspektive der Gleichheit achtet man darauf, wie sich eine Person einer anderen gegenüber verhält. Demgegenüber betrifft die Gegenseitigkeit das Verhältnis zwischen Menschen, die sich zueinander verhalten. A tut dies, B jenes, und ob A dies tut, hängt von Bs Bereitschaft ab, jenes zu tun.

Wir haben schon gesehen (oben § 52), dass sich der Gegenseitigkeit ein unterschiedlicher Verstand beilegen lässt, je nachdem, wie von den beteiligten Personen das Verhalten zueinander konzipiert wird. Es mag in der Abstandnahme von Eingriffen, im Unterlassen von Schädigungen, im Austausch von Gütern und Leistungen oder im Beitrag zu einer gemeinsamen Anstrengung bestehen, an der sich alle nach Kräften beteiligen. Die Gegenseitigkeit manifestiert sich dann jeweils entweder direkt im Verhältnis zwischen ihnen oder im Verhältnis zwischen der Gemeinschaft und jedem Einzelnen. Die verbindlichen Grundsätze, die aussprechen, was die Gegenseitigkeit fordert, lassen sich, vereinfacht gesagt, als ausgleichende oder verteilende Gerechtigkeit bezeichnen (*iustitia commutatitiva sive iustitia distributiva*).

Die Einhaltung der Bedingungen der Gegenseitigkeit ist eine Frage der Gerechtigkeit. Nicht alle Gerechtigkeitsfragen betreffen die Gegenseitigkeit. Was man Menschen, die in Not geraten sind, schuldet, ist von einer Gegenleistung oder der Bereitschaft der Notleidenden, an einem sozialen Verband teilzunehmen, unabhängig. Jedenfalls aber bedeutet es, sich gerecht zu verhalten, wenn man einem Menschen gibt, was man ihm schuldet. Das Geschuldete »gehört« der Person. Es ist »das Ihrige« oder »das Seine«. Nach einer auf Ulpian (170–228 v. Chr.) zurückgehenden Formulierung ist die Gerechtigkeit der beständige und feste Wille, jedem das Seine (jeder das Ihrige) zu geben.

§ 62. Gesetzlichkeit

Zwei berühmt gewordene allgemeine Stellungnahmen zum Gerechtigkeitsproblem begegnen uns bereits in der Antike. Die eine stammt von Platon. Dort bezeichnet sie die richtige Proportion und das harmonische Zusammenspiel von Teilen einer größeren Ordnung. Die andere verdanken wir Aristoteles (384–322 v. Chr.). Sie ist uns vertrauter und, wenn auch mit mannigfaltigen Modifikationen, zum integralen Bestandteil unserer Gerechtigkeitssemantik geworden.

Aristoteles sieht zunächst einen Zusammenhang zwischen der Gerechtigkeit und der Tugend der Gesetzlichkeit. Es ist dies die Tugend der Braven. Mit der Gesetzlichkeit ist mitgedacht, dass ein Maßstab gleichmäßig angewendet wird. Diese Gleichmäßigkeit enthält einen zweifachen Bezug zur Gleichheit. Einerseits wäre es nicht gerecht, übermäßig viel zu fordern oder sich mit weniger abzufinden, als einem gemessen an dem Maßstab geschuldet ist; andererseits gibt der Maßstab auch an, in welcher Hinsicht jemand im Hinblick auf das zu verteilende Gut als gleich oder ungleich gilt. Wenn Menschen gemessen an ihrer relativen Unterernährung ernährt werden sollen, dann können wir aufgrund dieses Maßstabs bestimmen, wer als gleich oder ungleich zu betrachten ist.

Da eine gerechte Person nicht mehr beansprucht, als ihr aufgrund des Maßstabs zusteht, bewegt sich der Gerechte nach Aristoteles in der richtigen Mitte zwischen Unrechttun und Unrechtleiden.

Da ferner von einem Maßstab abhängt, was uns gerecht erscheint, ist es nicht weiter verwunderlich, wenn Aristoteles die

Gerechtigkeit mit der »Würdigkeit« zur Zuteilung in Verbindung bringt. Die Würdigkeit bestimmt über den Maßstab. Jene sei aber, wenigstens wenn es um die Verteilung von politischen Ämtern gehe, relativ. In einer Demokratie würden die Ämter aufgrund der freien Geburt vergeben, in einer Aristokratie gebe die Tugend den Ausschlag:

> Denn alle stimmen darin überein, dass das Gerechte im Zuteilen auf einer bestimmten Würdigkeit beruhen müsse. Doch diese Würdigkeit gilt nicht für alle als dieselbe, sondern die Demokraten sehen sie in der Freiheit, die Oligarchen im Reichtum, andere in der Adeligkeit, und Aristokraten in der Tugend. (*Nikomachische Ethik*, übers. v. Olof Gigon, München 1972, 1131a 25)

Außerhalb des politischen Kontexts zeigt sich die »Würdigkeit« zur Zuteilung mit Blick auf den guten Zweck, der vermöge von Tätigkeiten oder Gütern realisiert wird. Die Eigenschaften und Fähigkeiten der Personen müssen auf den Zweck *passen*. Hier ist ein Beispiel, das der amerikanische Philosoph Michael Sandel (*1953) heranzieht, um die aristotelische Sichtweise zu verdeutlichen: Eine Stradivari ist dazu erschaffen worden, um Musik zum Erklingen zu bringen. Es ist ungerecht, wenn sie von einem reichen Sammler erworben und diebstahlsicher weggesperrt wird, während Geigenvirtuosen leer ausgehen.

§ 63. Vom Recht auf alles zum Schadensprinzip

Auf der Ebene des Rechtsverhältnisses ist die erste Gerechtigkeitsfrage jene, welche Rechte die Menschen einander gegenseitig einräumen würden.

Eine erste Antwort auf diese Frage ist das Recht auf alles. Jedem ist alles erlaubt. Aber diese Antwort überzeugt nicht. Denn wenn jedem alles erlaubt ist, dann kann sich niemand irgendetwas sicher sein. Um das Problem der Unsicherheit zu lösen, erklärt Hobbes, wie die Menschen selbständig und gegenseitig ihr Recht auf alles in das Recht auf den eigenen Gehorsam – also eine Gehorsamspflicht – gegenüber einem Entscheider verwandeln. Der Entscheider darf festlegen, was für alle gilt.

Aber die Entscheidung des Entscheiders ist an kein Kriterium gebunden, auch wenn sie am Friedenszweck orientiert sein mag. Der Entscheider weiß, dass die Erhaltung seiner Funktion davon abhängt, die Sicherheit und das Überleben der Menschen zu garantieren; aber seine Entscheidungsbefugnis ist so unbegrenzt wie das Recht auf alles. Wenn die Menschen füreinander, wie Hobbes sagt, im Naturzustand Wölfe sind, dann ist der Souverän der letzte verbleibende Wolf, der auch im zivilen Zustand alles darf. Er darf einsperren, foltern, enteignen und töten. Wenn er meint, dass eine Gruppe von Menschen vernichtet werden muss, um den allgemeinen Frieden zu sichern, dann darf er sie auslöschen. Niemand darf zum Widerstand gegen den Souverän aufrufen. Niemand darf tun, was die Erreichung des Souveränitätszwecks, den Frieden, vereiteln würde.

Aber dem Entscheider diese umfassende Befugnis einzuräumen vermag schon innerhalb des Hobbes'schen Systems nicht gänzlich zu überzeugen. Wegen des Rechts auf Selbsterhaltung muss auch Hobbes zugestehen, dass den rechtmäßig zum Tod Verurteilten nicht bloß keine Pflicht trifft, sich selbst zu entleiben, er darf sich sogar verteidigen, wenn er dazu in der Lage ist. Wer mit dem Genozid konfrontiert ist, muss sich nicht umbringen lassen. Wegen dieses unbedingten Vorrangs der Selbsterhaltung wird der Friedenszustand an seinen Rändern brüchig. Die Unterwerfung ist keine unbedingte. Die Logik des Rechts auf alles kehrt wieder. Der Souverän darf töten. Der betroffene Untertan darf sich widersetzen, auch wenn ihm niemand zu Hilfe kommen darf. Wenn es ganz ernst wird, trifft weder den Souverän noch den Untertan eine Unterlassungspflicht.

Die Entscheidung des Entscheiders bedarf eines anderen Kriteriums als dem der Aufrechterhaltung seiner friedenssichernden Position. Dieses Kriterium ist in der Zuerkennung des Rechts auf alles implizit enthalten. Sie klingt in der Konzeption eines Rechts auf alles an, welche die Verkehrung von »alles« in »nichts« nicht bedenkt. Denn das Recht auf alles wäre wunderbar, wenn die anderen es nicht auch hätten. Aber da es die anderen haben, muss man die Schädigung seitens anderer in Kauf nehmen. Doch das will niemand. Also spricht das Recht auf alles nicht korrekt aus, was die Menschen unter Bedingungen der Gegenseitigkeit *eigentlich* wollen. Sie wollen nicht ein gegenseitiges Recht auf alles, sondern vielmehr ein Recht, all das zu tun, was anderen keinen Schaden zufügt, damit niemand, der ebenso frei ist wie sie, sie umgekehrt schädigen darf. Sie wollen also frei sein, zu tun, was sie wollen, solange sie anderen keinen Schaden zufügen.

§ 64. Der Sinn des Schadensprinzips

Das ist das Prinzip, das John Stuart Mill (1806–1873) als das Prinzip einer freien Gesellschaft betrachtete.

> That the only purpose for which power can be rightfully exercised over any member of a civilized community, against his will, is to prevent harm to others. (*On Liberty*, zitiert nach *On Liberty in Focus*, ed. J. Gray & G.W. Smith, London 1991, 30)

Dieses Prinzip stellt darauf ab, dass freies Verhalten, das bloß einen selbst betrifft, keiner staatlichen Regulierung unterworfen werden darf (ebd., 31):

The only part of the conduct of any one, for which he is amenable to society, is that which concerns others. In the part which merely concerns himself, his independence is, of right, absolute. Over himself, over his own body and mind, the individual is sovereign.

Über die eigene Lebensführung – ob man alleine lebt oder nicht, ob man sich kasteit oder genießt, ob man Drogen nimmt oder nicht, ob man sich bildet oder nicht – müssen die Individuen selbst entscheiden können. Die einzige Freiheit, die nach Mill diesen hohen Namen verdient, ist die Freiheit, das zu tun, was uns für uns selbst gut dünkt.

Mills Auffassung entspringt einem aristokratisch akzentuierten Liberalismus, der eine starke teleologische Komponente enthält. Demnach ist die Ausbildung der eigenen Individualität nicht nur für einen selbst, sondern auch für alle anderen ein erstrebenswertes Ziel. Sie verleiht dem menschlichen Leben einen höheren Wert als die Existenz als Durchschnittsmensch (ebd., 79):

In proportion to the development of his individuality, each person becomes more valuable to himself, and is therefore capable of being more valuable to others. There is greater fullness of life about his existence, and when there is more life in the units there is more in the mass which is composed of them.

§ 65. Drei Fragen

Das Schadensprinzip, das eigentlich ein Freiheitsprinzip ist, wirft wenigstens drei Fragen auf.

Die erste Frage ist, welche Form des Schadens für die Anwendung des Prinzips relevant ist. Muss es sich um einen materiellen Schaden (ein Vermögensschaden oder Personenschaden) handeln oder sind auch immaterielle Schäden (etwa Kränkungen) einzubeziehen? Das Prinzip selbst gibt darauf keine Antwort. Aber die Freiheit wird zweifelsfrei umso größer sein, desto enger der Begriff des Schadens gezogen wird. So tritt Mill leidenschaftlich für die Redefreiheit ein. Er tut dies nicht zuletzt deswegen, weil die Qualität des Wissens sich verbessere, wenn es sich durch Meinungsverschiedenheiten herausfordern lasse. Es dürfe keine Tabus geben, auch wenn bestimmte Thesen für manche kränkend sein mögen. Hinter seinem Plädoyer steht aber auch seine Zuversicht, dass die unbeschränkte Freiheit zur wissenschaftlichen Diskussion sich langfristig positiv auf die gesellschaftliche Wohlfahrt auswirken wird.

Zweitens beantwortet Mill die Frage nicht, ob Schädigungen durch einen großen Nutzen, der aus ihnen hervorgeht, aufgewogen werden können. Er gibt nur vereinzelte Hinweise darauf, wo dies seines Erachtens der Fall sein darf, nämlich beim wirtschaftlichen Wettbewerb und beim freien Handel.

Drittens lässt das Schadensprinzip daher offen, mit welchem Verständnis von Gegenseitigkeit es vereinbar ist. Es lässt sich in eine Ordnung der Gegenseitigkeit zwischen Privatrechtssubjekten integrieren, die einander als mit natürlichen Rechten ausgestattet gegenübertreten, oder aber als wesentliches Element einer gemeinschaftlichen Ordnung verstehen, die darauf abzielt, Leid zu verringern und Glück zu vermehren. Die erste Variante führt zur »entitlement theory« Robert Nozicks, die zweite zum Utilitarismus.

§ 66. Die »Entitlement Theory«

Robert Nozick vertritt eine »libertäre« Theorie der Gerechtigkeit, die inhaltlich stark an John Locke orientiert ist.

Nach Nozick haben die Menschen ursprünglich Eigentum an sich selbst. Die Welt gehört niemandem und ist Gemeinbesitz.

Aus dem Gemeinbesitz dürfen sich Menschen Sachen aneignen, solange damit die Situation anderer nicht schlechter wird, als sie unter Bedingungen des Gemeinbesitzes ist oder wäre. A darf sich aus dem Gemeinbesitz Eigentum verschaffen, auch wenn B nicht genug Land verbleibt, solange er B eine Arbeit verschafft, deren Lohn mehr abwirft als das, was B unter Bedingungen des Gemeinbesitzes bezogen hätte.

Die Gesellschaft ist kein System der Zusammenarbeit, sondern ein Platz, an dem freiwillige Transaktionen vereinbart und abgewickelt werden. Der Staat dient ausschließlich dem Zweck, den sicheren Genuss des Eigentumsrechts zu garantieren.

Die elementaren Gerechtigkeitsregeln einer solchen Gesellschaft nennt Nozick die »entitlement theory«. Sie umfasst die Regeln der »justice in acquisition« (Gerechtigkeit der Aneignung), der »justice in transfer« (Gerechtigkeit der Übertragung) und der »justice in rectification« (Gerechtigkeit des Ausgleichs). Wesentlich ist, dass eine Verteilung, die diesen (privatrechtlichen) Grundsätzen genügt, keinem Verteilungsmuster (gleich dem Differenzprinzip) genügen muss. Gerechtigkeit ist nach Nozick eine Eigenschaft, die Verteilungen von ihren Vorgängern »ererben«. Was immer aus einer gerechten Verteilung mit gerechten Mitteln hervorgeht, ist gerecht. Ungleichheiten sind legitim, solange sie auf freiwilligen Transaktionen beruhen. Dass Popstars oder Fußballprofis unverhältnismäßig höhere Einkommen haben als der Durchschnitt, ist nach Nozick völlig legitim, weil Menschen gern bereit sind, (relativ geringe) Geldbeträge für ihre Darbietungen oder Produkte zu bezahlen. Dasselbe gilt für die Einkommen von Hedgefonds-Managern und anderen, die davon profitieren, dass ihre Leistungen auf dem Markt hoch kompensiert werden.

Steuern sind legitim, wenn sie zur Erreichung des Ziels der öffentlichen Sicherheit dienen. Jede Unterstützung einer anderen Person, die auf einer Steuer beruht oder auf einem staatlichen Transfer, macht die Arbeit für diese Steuer zu Zwangsarbeit.

Nozicks Theorie beruht auf willkürlich eingeführten Prämissen. Sie ist durch und durch ideologisch. Verwandt ist sie mit hie und da vertretenen Vorstellungen von einer »Privatrechtsgesellschaft« (Franz Böhm). Nach diesen kommt dem politischen Prozess keine Rolle bei der Erreichung von Verteilungszielen zu.

§ 67. Utilitarismus: Die Grundidee

Das Schadensprinzip lässt sich aber nicht nur einer privatrechtlichen Gegenseitigkeitsordnung integrieren. Es lässt sich zu einer an den Konsequenzen des Handelns orientierten Ethik und Gerechtigkeitstheorie erweitern.

Die Pflicht, Schädigungen zu unterlassen, kann darin begründet sein, dass niemandem ein vermeidbares Leid zugefügt werden darf. Leiden ist unangenehm. Es ist schlecht. Umgekehrt ist das Angenehme – was Vergnügen bereitet oder sonst wie »nützt« – gut.

Wenn es sich so verhält, dass das Angenehme gut und daher erstrebenswert ist, das Unangenehme umgekehrt aber schlecht ist und daher vermieden werden muss, lässt sich eine »teleologische« Auffassung von Gerechtigkeit entwickeln. Was Menschen zusteht, ergibt sich mit Blick auf das Gute, das sie als Ziel (»*telos*«) anstreben. Wenn nun aber alles, was Menschen gut dünkt, seinen gemeinsamen Nenner darin findet, dass es angenehm ist, dann ist es vernünftig, dieses Angenehme zu maximieren. Dies ist der ursprüngliche Kerngedanke des Utilitarismus.

Es war zweifelsfrei die Stärke des klassischen Utilitarismus von Jeremy Bentham (1748–1832), das Gute mit *pleasure* und das Schlechte mit *pain* zu identifizieren. Bentham egalisierte damit die traditionellen Glücksvorstellungen. Eine Kegelpartie kann genau so viel Vergnügen bereiten wie ein Opernbesuch. Sie ist keine minderwertige Form des Glücks. Es wäre daher ungerecht, das Steuergeld der Kegelspieler zur Subventionierung von Opernhäusern heranzuziehen. Ein solcher Transfer ließe sich nur rechtfertigen, wenn eine Opernvorstellung eine höhere Form des Genusses darstellte. Aber das ist nach Bentham nicht der Fall.

Der zeitgenössische Utilitarismus stellt nicht mehr direkt auf angenehme Gefühle, sondern auf den Nutzen ab, der aus der Befriedigung von wohlinformierten Präferenzen oder Wünschen entsteht. Nicht jedes Glücksgefühl würden wir für gut erachten (nicht eines etwa, in das wir unfreiwillig durch Drogen versetzt worden sind), sondern nur jene Befriedigungen, die wir aus der Erfüllung unserer rationalen Wünsche beziehen. Es geht damit aus utilitaristischer Sicht im Wesentlichen um die Erfüllung von Wünschen unter Bedingungen knapper Mittel.

Die Maximierung des Angenehmen – die Befriedigung von Präferenzen oder Wunscherfüllung – verleiht den Urteilen über Moral und Gerechtigkeit eine »konsequentialistische« Orientierung. Ob eine Handlung gut oder schlecht ist, hängt von ihren Folgen ab. Das, was Wünsche erfüllt, ist nützlich und gut.

§ 68. Utilitarismus: Gleichheit

Jede Nutzenmaximierung ist ohne Ansehen der Person durchzuführen. Niemandes Glück ist wichtiger als das eines anderen. Nach utilitaristischer Auffassung sind alle Wünsche gleich zu berücksichtigen, unabhängig von der Person, die sie hat. Das Prinzip der gleichen Berücksichtigung führt laut R. M. Hare (1919–2002) über den Rollentausch bei der Verallgemeinerung zur Aggregation des Nutzens (der Wunscherfüllungen). Zur Rechtfertigung unseres Verhaltens versetzen wir uns in die Lage derer, die von unserem Verhalten betroffen sein könnten. Der Standpunkt jeder Person ist als gleich relevant zu erachten. Die verallgemeinernde Person muss den Standpunkt der anderen so behandeln, als ob er ihr eigener wäre. Damit wird das Urteil unpersönlich und unparteilich. Der Standpunkt der urteilenden Person geht in den Standpunkten vieler anderer auf, und jene Handlung wird gewählt, welche die Wünsche dieser Vielen bestmöglich erfüllt.

Der Utilitarismus hat eine stark egalitaristische Orientierung. Das zeigt sich nicht nur daran, dass alle Wünsche prinzipiell gleichwertig und ohne Ansehen des Status der Person zu berücksichtigen sind (etwa keine Bevorzugung von Inländern), sondern auch am Prinzip des abnehmenden Grenznutzens (*diminishing marginal utility*). Ein Ressourcenzuwachs bei einer Person, die vergleichsweise vermögender ist, schafft weniger Nutzen als derselbe Zuwachs bei einer Person mit geringerem Vermögen. Daraus folgt, dass das Umverteilen von den Reichen zu den Armen sich auf die soziale Nutzenbilanz grundsätzlich positiv auswirkt. Wenn etwa Donald Trump 1000 Dollar mehr im Monat zur Verfügung hätte, würde ihm das nicht weiter auffallen. Dieser Betrag würde aber einen erheblichen Unterschied im Leben von Personen ausmachen, die von der Mindestsicherung leben. Aus utilitaristischer Sicht sind solche Opfer geboten, die weniger groß sind als der Nutzen, der aufgrund dieses Opfers bei anderen entsteht. Dieser Gedanke spielt eine wichtige Rolle in der Debatte über internationale Verteilungsgerechtigkeit. Relativ geringfügige Verzichte seitens der wohlhabenden Nationen können zu großen Vorteilen bei sich entwickelnden Nationen führen.

Der Egalitarismus des Utilitarismus überschreitet auch die Grenzen der menschlichen Spezies. Aufgrund seiner teleologischen Orientierung gilt die Vermeidung von Leid als ein Gebot, das alle empfindungsfähigen Kreaturen einschließt. Das Gebiet der moralischen Berücksichtigung ist damit nicht auf »sapiente«

Menschen beschränkt (Kants »vernünftige Wesen«), sondern wird auf alle Wesen ausgedehnt, die empfindungsfähig (»sentient«) sind. Deswegen sind unter den Utilitaristen die Verfechter von Tierrechten nicht selten (wie z.B. Peter Singer).

§ 69. Utilitarismus: Probleme

Der Utilitarismus ist die vielleicht am meisten und am subtilsten diskutierte Position in der Moralphilosophie. Dies ist er deshalb, weil er mit der Nutzenmaximierung ein relativ leicht anwendbares Prinzip einführt, das dennoch mit zahllosen Problemen behaftet ist. Der bereits erwähnte australische Philosoph Peter Singer (*1946) hat den Utilitarismus zu einer »angewandten Ethik« weiterentwickelt. Sie beansprucht Lösungskompetenz für Fragen der Migration, der internationalen Verteilungsgerechtigkeit, des Umgangs mit schwerbehinderten Neugeborenen oder der Sterbehilfe. Im Mittelpunkt steht zumeist die Verminderung von Leiden. Die wiederkehrende Frage ist die, ob eine solche Verminderung durch die Unterstützung oder durch die Auslöschung der Leidenden bewirkt werden kann.

Ein Kernproblem des Utilitarismus besteht in der Auswahl von zulässigen Präferenzen. Dürfen auch eigennützige Wünsche zählen und Wünsche, deren Erfüllung anderen schadet? Wie verhält es sich mit »externen« Präferenzen, d.h. Wünschen, welche die Lebensführung anderer Menschen betreffen (etwa mit einer Aversion gegen einen proletarischen Lebensstil und der damit einhergehenden Lust am Verbieten des Rauchens und Saufens). Was hat mit Wünschen zu geschehen, die Menschen deswegen ausbilden, weil sie ihre Chancen falsch einschätzen (z.B. wenn junge Frauen Sprachen studieren, weil sie darauf konditioniert worden sind, ihr mathematisches Talent zu unterschätzen)?

Der Utilitarismus dürfte zunächst die Maxime formulieren, wonach jene Handlung zu wählen sei, die den Gesamtnutzen maximiere. Wenn das auf eine unkoordinierte Art geschähe, wäre allerdings Chaos zu erwarten, weil jeder seine perspektivische Sicht auf die Maximierung des Nutzens anwenden würde. Gesellschaften bedürfen des regelgeleiteten Zusammenwirkens. Daher ist der sogenannte »Akt-Utilitarismus«, der die Maximierung in jedem Einzelfall verlangt, durch einen sogenannten »Regel-Utilitarismus« zu ersetzen. Geboten ist demnach, ein Regelsystem anzuwenden, dessen Umsetzung die Nutzenmaximierung erwarten lässt, auch wenn im Einzelfall der nutzenmaximierende Effekt des Regelfolgens zweifelhaft sein mag. Nur so lässt sich verhüten, dass Menschen sich auf die situative Nutzenmaximierung berufen, um Versprechen zu brechen oder Mitglieder von unliebsamen Gruppen zu diskriminieren. Eine Gesellschaft, die auf aktutilitaristischen Prinzipien beruhte, wäre von allgemeiner Unsicherheit geprägt. Das wirkt sich auf die Nutzenbilanz negativ aus.

Ein weiteres zentrales Problem des klassischen Utilitarismus stellen die sogenannten »interpersonellen Nutzenvergleiche« dar. Wie lassen sich angenehme Erlebnisse quantifizieren und zwischen Personen vergleichen? Anna Netrebko singen zu hören macht mich glücklich. Andere sind glücklich, wenn sie Bob Dylan hören. Ich halte ihr Glück für vergleichsweise bescheiden. Aber stimmt das auch?

Es ist schwierig, unterschiedliche Wünsche oder Präferenzen zu gewichten, ohne auf Bewertungen zu rekurrieren, die Bestandteil der öffentlichen Kultur sind. Der kanadische Philosoph Charles Taylor (*1931) spricht in diesem Zusammenhang von der unhintergehbaren Relevanz »starker Wertungen«, die an dem Gebrauch von Attributen wie »wichtiger«, »höherwertiger«, »edler« und dergleichen zum Ausdruck kommen.

Schließlich kann gegen den Utilitarismus eingewendet werden, dass er, wie John Rawls (1921–2002) und Robert Nozick erläutert haben, die »separateness of persons« nicht ernst nimmt. Aus utilitaristischer Sicht sind Wünsche unabhängig von ihren Trägern relevant. Es ist irrelevant, dass sie zu Menschen gehören, denen es um ihr Leben im Ganzen geht. Wenn Menschen um ihres künftigen Vorteils willen ein Opfer bringen, dann wird dieses Opfer, wenn alles gut geht, wieder ausgeglichen. Nach utilitaristischer Ansicht ist es aber denkbar, das Opfer des einen durch den Vorteil eines anderen kompensiert zu sehen. Es geht ja um die Nettonutzenbilanz ohne Ansehen der Person. Solange diese Bilanz die bestmögliche ist, ist es gerechtfertigt, wenn einige wenige auf der Strecke bleiben. Robert Nozick notiert dazu wie folgt:

> To use a person [for another's benefit] does not sufficiently respect and take account of the fact that he is a separate person, that his is the only life he has. He does not get some overbalancing good from his sacrifice. (*Anarchy, State, and Utopia*, New York 1976, 33)

§ 70. Law and Economics

Die neoklassische Ökonomie rühmt sich, einen Ausweg aus dem Problem des interpersonellen Nutzenvergleichs gefunden zu haben. Sie erblickt in Markttransaktionen den Mechanismus, um die Intensität von Präferenzen mittels Geldsummen zu signalisieren. Der Markt fungiert indirekt, um einen Ausdruck Ian Shapiros aufzugreifen, als »Utilitometer«.

Die Maximierung der Wohlfahrt hat bloß freiwillige Transaktionen zu ermöglichen. Ihr Stattfinden indiziert, dass die Vertragspartner das Ergebnis der Transaktion jeweils subjektiv für nützlich *halten*. Darauf kommt es an. Die Wohlfahrtsmaximierung ist mit rein subjektiven Nutzenmaßstäben vollständig kompatibel.

Zur Charakterisierung der Effizienz einer Ressourcenverteilung werden in diesem Sinne zwei nach dem italienischen Soziologen und Ökonomen Vilfredo Pareto (1848–1923) benannte Prinzipien herangezogen. Eine Ressourcenverteilung ist einer anderen pareto-überlegen, wenn durch einen freiwilligen Transfer wenigstens eine Person bessergestellt werden könnte, ohne eine andere schlechterzustellen; sie ist pareto-optimal, wenn niemand bessergestellt werden könnte, ohne jemanden anderen schlechterzustellen.

Eine Anwendung der Prinzipien der neoklassischen Ökonomie auf die Verteilung von Rechten und Pflichten ist Law and Economics. Diese Disziplin hat einen deskriptiven und einen normativen Zweig. Der deskriptive Zweig will zeigen, dass das Common Law sich in der Rechtsprechung unbewusst am Leitfaden der ökonomischen Effizienz entwickelt hat. Dem normativen Zweig geht es darum, das richterliche Entscheiden anzuleiten und an der ökonomischen Effizienz zu orientieren.

Das Ziel des normativen Zweigs ist es, Rechte (als Ressourcen) und Pflichten derart zu verteilen, dass die Gesamtwohlfahrt maximiert wird. Eine Verteilung ist dann ökonomisch effizient, wenn dieses Ziel erreicht wird. Dazu gehört eben auch, was wir landläufig unter »Effizienz« verstehen: möglichst großer Nutzen bei möglich geringen Kosten.

Die Effizienz wird zum einen aufgrund der bereits genannten Pareto-Grundsätze beurteilt; diese werden durch das Kaldor-Hicks-Prinzip ergänzt. Demnach ist eine Ressourcenverteilung effizient, wenn es aufgrund eines Transfers zwar Gewinner und Verlierer gibt, die Gewinner aber hypothetisch in der Lage wären, die Verlierer zu kompensieren, ohne den gesamten Gewinn für die Kompensation aufwenden zu müssen.

Law and Economics stellt daher etwa die Frage, was als sozial optimaler Grad der Umweltverschmutzung zu betrachten sei. Wenn die Kosten für die Verhütung der Verschmutzung seitens des Verursachers höher sind als die Reinigungskosten bei den Betroffenen, hat der Verursacher das Recht auf Verschmutzung, solange sein Ertrag so hoch ist, dass er die Reinigungskosten übersteigt. Durch die Implementierung einer solchen Regel steigt die Gesamtwohlfahrt. Darauf kommt es an. Es kommt nicht darauf an, dass der Verursacher den Betroffenen die Reinigungskosten ersetzt. Es geht immer nur um den »bigger pie«, unabhängig davon, wie er verteilt wird.

Einen Vorläufer von Law and Economics stellt die »Formel« dar, mit welcher der Bundesrichter Learned Hand (1872–1961) Fahrlässigkeitsdelikte beurteilt wissen wollte. Demnach ist der Schädiger von seiner Verantwortung frei, wenn die Kosten für die Schadensverhütung größer gewesen wären als der Schaden multipliziert mit der Wahrscheinlichkeit seines Eintretens.

Seinen Durchbruch erlangte Law and Economics vor allem durch die Anwendung des sogenannten, auf den Ökonomen Ronald Coase (1910–2013) zurückgehenden »Coase-Theorems«. Es betrifft »Externalitäten«. Das sind nachteilige Nebeneffekte, die aus Tätigkeiten für andere entstehen.

Vor Coase ging die Wohlfahrtsökonomie davon aus, dass die haftungsbefreite Verursachung von Externalitäten im Effekt darauf hinausläuft, ein Unternehmen zu subventionieren. Demnach bürdet eine Fabrik, die ungehindert die Luft verschmutzt, einen Teil der Kosten ihrer wirtschaftlichen Tätigkeit den Menschen auf, die deswegen unter Husten leiden. Die Verpflichtung zum Einbau eines Filters würde das Fabriksunternehmen dazu zwingen, diese sozialen Kosten zu »internalisieren«.

Coase kritisiert die normative Voraussetzung dieser Vorstellung. Wieso soll denn überhaupt die Aktivität die Verantwortung für die Beeinträchtigung einer Nicht-Aktivität (oder einer nicht so auffälligen Aktivität) tragen? Wieso soll etwa ein Eisenbahnunternehmen die Haftung für Brandschäden übernehmen, die beim Betrieb von Eisenbahnen durch Funkenflug im umliegenden Ackerland entstehen? Das Land würde keinen Schaden nehmen, wenn es sich um Brachland handelte.

Externalitäten sind nach Coase das Produkt des Zusammentreffens von Faktoren, die gleich ursächlich sind. Die ökonomisch effiziente und also wohlfahrtsmaximierende Lösung besteht nun darin, das Recht auf die Aktivität oder auf deren Unterlassung jener Partei zuzusprechen, die am meisten dafür bieten würde. Denn diese hätte, wie die »willingness to pay« indiziert, den größeren Nutzen davon.

Berühmt geworden ist die Behauptung von Coase, wonach die ursprüngliche Verteilung von Rechten und Pflichten für die Entstehung einer effizienten Verteilung unerheblich ist. Ansprüche auf eine Beeinträchtigung oder Nichtbeeinträchtigung würden, wenn sie sich ohne Transaktionskosten übertragen ließen (also ohne Aufwand für die Informationsbeschaffung, die Verhandlungsführung oder Reisekosten), von jener Partei erworben, welche den größten wirtschaftlichen Nutzen aus ihnen zieht. Wenn die Landwirte das Recht hätten, für den Schaden, der durch Funkenflug entsteht, Ersatz zu beanspruchen, würde die Eisenbahngesellschaft ihnen dieses Recht abkaufen, sofern sie einen höheren Nutzen aus dem Wegfall des Schadenersatzes abzüglich der Anschaffungskosten hätte. Wenn sie von Anfang an das Recht zur Schädigung hätte, würde sie es nicht an die Landwirte verkaufen und ihnen das Recht zum Schadenersatz einräumen.

Die meisten Vertreter von Law and Economics gehen – anders als Coase selbst – davon aus, dass es wegen des Vorhandenseins von Transaktionskosten die Aufgabe der Gesetzgebung ist, eine Regel zu erlassen, deren Anwendung mit hypothetischen, transaktionsfreien Vereinbarungen koinzidieren würde.

Law and Economics erfreut sich in der amerikanischen Rechtswissenschaft großer Verbreitung und gehört zum Standardrepertoire der juristischen Analyse etwa im Schadenersatzrecht, im Immaterialgüterrecht und im Wettbewerbsrecht. In gewisser Weise dient Law and Economics als Ersatz für die in den USA weitestgehend überwundene Rechtsdogmatik.

§ 71. Gerechtigkeit als Fairness: Das Verfahren

Das berühmteste Alternativprojekt zum Utilitarismus stammt von dem amerikanischen Philosophen John Rawls (1921–2002). Er hat es erstmals in Buchform 1971 unter dem Titel *A Theory of Justice* vorgelegt. Eine wesentliche Revision der Grundlagen dieser Theorie veröffentlichte er 1991 unter dem Titel *Political Liberalism.*

Rawls geht davon aus, dass Menschen nicht einfach von Situation zu Situation leben. Sie fassen vielmehr irgendwann einen Lebensplan, wollen aber auch in der Lage sein, einen solchen Plan wieder revidieren zu können.

Um einen Lebensplan realisieren zu können, muss man in ein System der Zusammenarbeit einbezogen sein. Gesellschaften sind solche Systeme. Diese beruhen auf einer »Grundstruktur«, welche die Verteilung der Vorteile und der Lasten der gesellschaftlichen Zusammenarbeit regelt. Die Gerechtigkeit betrifft somit die Frage, wie die Grundstruktur gestaltet werden muss, damit alle eine Chance haben können, einen Lebensplan zu realisieren.

Rawls konzipiert die Gerechtigkeit somit als *soziale Gerechtigkeit.* Sie betrifft das, was die Gesellschaftsmitglieder von der Gesellschaft insgesamt zu Recht fordern dürfen. Von einem

Haupttheoretiker des Neoliberalismus, Friedrich August von Hayek, wurde die Idee, die Gesellschaft sei ein handlungsfähiges Subjekt, an das sich Forderungen richten lassen, scharf zurückgewiesen. Deswegen verwarf er auch die Idee einer »sozialen« Gerechtigkeit.

Rawls' Konzept der »Gerechtigkeit als Fairness« bringt zum Ausdruck, dass die Richtigkeit von Gerechtigkeitsgrundsätzen von der Fairness des Verfahrens abhängt, das zu ihrer Ableitung verwendet wird.

Zunächst ist aber zu klären, was wir qualitativ legitimerweise von allen anderen fordern dürfen. Es sind dies nach Rawls die Grundgüter. Bei ihnen handelt es sich um die verallgemeinerungsfähigen Repräsentationen menschlicher Bedürfnisse. Sie sind das, was alle unabhängig von ihren konkreten Zielen haben wollen. Zu den Grundgütern gehören die Grundrechte, Vermögen und die »sozialen Grundlagen der Selbstachtung«. Sie sind, wie Wolfgang Kersting sagt, nicht alles, aber ohne sie ist alles nichts.

Um herauszufinden, wie die Grundgüter an Menschen unparteilich zu verteilen sind, ist ein Verfahren zur Ableitung von Gerechtigkeitsgrundsätzen zu entwickeln. Dieses Verfahren muss unparteilich sein und daher in eine Konzeption des unparteilichen Standpunkts eingebettet werden. Dabei kann es sich beispielsweise um den »impartial spectator« handeln, der sich empathisch in die Lage von Menschen versetzt und ihre Wünsche begreift. Von dem einmal konstruierten Standpunkt aus sind Grundsätze der Gerechtigkeit abzuleiten. Wenn dies geschehen ist, vergleicht man die Grundsätze mit dem Inhalt sogenannter »wohlüberlegter Urteile«.

Diese wohlüberlegten Urteile spielen deswegen eine bedeutsame Rolle, weil die Entwicklung einer Gerechtigkeitstheorie nicht in einem moralisch neutralen Raum stattfinden kann. Die Überlegenden müssen bereits zu der einen oder anderen Gerechtigkeitsfrage eine Auffassung entwickelt haben. Ihre Urteile sind dann »wohlüberlegt«, wenn sie das Pro und Contra erwogen haben und zu einer begründeten Schlussfolgerung gelangt sind.

Nach der Ableitung von Gerechtigkeitsgrundsätzen von einem unparteilichen Standpunkt ist der Inhalt der Grundsätze mit dem Inhalt wohlüberlegter Urteile zu konfrontieren. Sollte sich keine Übereinstimmung einstellen, dann sind entweder die Urteile zu revidieren oder es ist die Konstruktion des unparteilichen Standpunkts zu verändern. Daran anschließend sind andere Grundsätze abzuleiten. Dieses Verfahren kommt an ein Ende, wenn sich im Verhältnis von Grundsätzen und wohlüberlegten Urteilen ein »Überlegungsgleichgewicht« einstellt.

Die Konstruktion des Standpunkts der Unparteilichkeit, zu der Rawls in seiner Theorie gelangt, nennt er die »original position« (dt. »Urzustand«). Es handelt sich um eine Verhandlungssituation, in der sich Menschen stellvertretend für andere darum bemühen, deren Anteil an Grundgütern zu maximieren. Die Unparteilichkeit wird dadurch gewahrt, dass die »original position« von einem »veil of ignorance« (dt. »Schleier des Nichtwissens«) geprägt ist. Das bedeutet, dass niemand für sich selbst, aber auch nicht für andere wissen kann, welche Stellung er oder sie in der Gesellschaft haben wird, von welcher Position aus er oder sie startet oder über welche Talente er verfügt oder nicht.

§ 72. Gerechtigkeit als Fairness: Die Grundsätze

Nach Rawls wählen die Parteien in der »original position« zwei Prinzipien der Gerechtigkeit:

1. Jede Person hat den gleichen unabdingbaren Anspruch auf ein völlig adäquates System gleicher Grundfreiheiten, das mit demselben System von Freiheiten für alle vereinbar ist.

2. Soziale und ökonomische Ungleichheiten müssen zwei Bedingungen erfüllen:

erstens müssen sie mit Ämtern und Positionen verbunden sein, die unter Bedingungen fairer Chancengleichheit allen offenstehen;

zweitens müssen sie den am wenigsten begünstigten Angehörigen der Gesellschaft den größten Vorteil bringen.

Das zweite Prinzip nennt Rawls das »Differenzprinzip«. Es betrifft die Gerechtigkeit von sozio-ökonomischen Ungleichheiten. Zunächst geht es um die Frage, ob soziale Ungleichheit überhaupt sein darf. *Prima facie* würden die Parteien das verneinen. Unter Gleichen ist auch alles gleich zu verteilen.

Man mag einwenden, dass die Menschen doch nicht gleich begabt und ehrgeizig seien. Muss die Güterverteilung nicht wenigstens »ambition sensitive« sein, also den Umstand reflektieren, dass die einen mehr leisten als die anderen? Rawls ist in diesem Punkt bemerkenswert radikal. Niemand ist Eigentümer seiner Fähigkeiten, und ob man ehrgeizig ist oder nicht, ist durch den familiären oder kulturellen Hintergrund bedingt. Die Begabungen und der Ehrgeiz der Gesellschaftsmitglieder sind sozusagen Teil des Betriebsvermögens (*common assets*) der Gesellschaft.

Dennoch wäre eine Gleichverteilung demotivierend für diejenigen, die schwierige oder anstrengende Tätigkeiten ausüben könnten. Warum Rechtsanwältin sein, wenn man als Rechtsphilosophin genau so viel Geld verdient? Da Menschen nicht dazu gezwungen werden dürfen, einen Beruf auszuüben, ist sicherzustellen, dass von ihnen jene Funktionen gewählt und ausgeübt werden, von deren Vorhandensein alle profitieren. Dazu bedarf es finanzieller Anreize. Die Parteien im Urzustand, deren Aufgabe es ist, für jeden einen größtmöglichen Anteil an Grundgütern zu sichern, würden daher eine ungleiche Einkommensverteilung bevorzugen. Sie würden dies allerdings aufgrund der

Einsicht tun, dass es den Ärmsten bei einer Gleichverteilung schlechter gehen würde als unter Bedingungen der Ungleichheit. Rawls schließt daraus, dass diejenigen, die weniger haben werden als andere, ein Interesse an sozialen Ungleichheiten haben. Sie werden, wenn sie am unteren Ende der sozialen Hierarchie stehen, von diesen Ungleichheiten zwar am wenigsten begünstigt sein, aber immer noch bessergestellt sein als bei einer Gleichverteilung. In der *original position* werden die Parteien danach trachten, das Minimum an materiellen Ressourcen, das man erwarten kann, zu maximieren (Anwendung der sogenannten »Maximin-Regel«).

Nach Rawls räumen die Parteien dem ersten Prinzip Vorrang vor dem zweiten Prinzip ein. Deswegen ist es ausgeschlossen, politische Rechte unter Hinweis darauf zu beschränken, dass dies zum Zweck der Erzielung größerer sozialer Gleichheit oder einer gedeihlicheren wirtschaftlichen Entwicklung notwendig sei. Außerdem hat die faire Chancengleichheit Vorrang vor dem zweiten Gerechtigkeitsgrundsatz. Jede Person soll eine reale Chance auf den Zugang jeder sozialen Position haben. Rawls will damit ausgeschlossen wissen, dass eine wirtschaftlich-politische Elite sich gegenüber der Unterschicht abschließt unter Hinweis darauf, dass dies besser für die schlechtergestellten Gesellschaftsmitglieder sei.

§ 73. Die Entwicklung nach Rawls

Rawls' Theorie der Gerechtigkeit ist seit ihrem Erscheinen intensiv diskutiert worden. Einer der ersten Kritiker von Rawls' Theorie der Gerechtigkeit war sein Harvard-Kollege Robert Nozick, der 1976 in seinem Buch *Anarchy, State, and Utopia* seine »entitlement theory« vorstellte (siehe oben § 66).

Zu den bedeutendsten Kritikern von Rawls gehörten die Vertreter des sogenannten »Kommunitarismus« (wie Charles Taylor [*1931], Michael Sandel [*1953] und Michael Walzer [*1935]). Nach ihrer Auffassung ist eine Ableitung von Gerechtigkeitsgrundsätzen aus einer hypothetischen Überlegungsposition der Ausdruck eines »atomistischen« Menschen- und Gesellschaftsbildes. Es suggeriert fälschlich, dass die Menschen unabhängig von anderen und losgelöst von Zielen existieren, welche sie sich irgendwie wählen. Beides ist aus kommunitaristischer Sicht unrichtig. Die Menschen stehen immer schon in Beziehungen zu anderen, aufgrund derer sie werden, was sie sind; und sie könnten Ziele gar nicht wählen, würden sie nicht schon kraft Sozialisation in einem kulturellen Kontext über bestimmte Ziele verfügen. Die Gemeinschaft und das, was in ihr als gut gilt, ist vor den Individuen da und bestimmt diese. Die Gerechtigkeit von Verteilungen lässt sich bloß innerhalb konkreter kultureller Kontexte beurteilen. Michael Walzers Theorie der »komplexen« Gleichheit ist Ausdruck dieser Idee.

Rawls hat die Anwendung seiner Grundsätze der Gerechtigkeit auf den Nationalstaat beschränkt. Dieser zeichne sich durch »common sympathies« aus. Nur unter der Bedingung, dass den Menschen das Schicksal der anderen nicht egal ist, lässt sich Gerechtigkeit als Fairness verwirklichen. Gleichwohl haben sich Gesellschaften in der entwickelten Welt seit der Veröffentlichung von Rawls' Theorie der Gerechtigkeit von der Realisierung des Differenzprinzips sehr weit entfernt. Die Einkommensschere zwischen sogenannten Führungskräften im Vergleich zu prekär Beschäftigten lässt sich durch das Differenzprinzip nicht rechtfertigen.

Rawls' Schüler Thomas Pogge (*1953) hat die Einschränkung des Anwendungsbereichs der Theorie auf den Nationalstaat kritisiert und die globale Realisierung der Rawls'schen Gerechtigkeitsstandards gefordert. In der Tat wäre es unter dem Vorzeichen des Differenzprinzips gänzlich unmöglich, die unfassbaren Ungleichheiten im Verhältnis von Nord und Süd als begründet anzusehen.

Rawls' Begrenzung des Themas der sozialen Gerechtigkeit auf den Nationalstaat ist vor ein paar Jahren von dem amerikanischen Philosophen Thomas Nagel (*1939) neuerlich verteidigt worden. Seines Erachtens ist zwischen Menschen die Gerechtigkeit der Güterverteilung erst dann ein Thema, wenn sie gemeinsam einer Staatsgewalt unterworfen sind. Wegen des Fehlens eines Weltstaats kann seines Erachtens Gerechtigkeit kein globales Thema sein.

Andere liberale Theoretiker wie Ronald Dworkin oder Amartya Sen (*1933) haben Alternativen zu den Rawls'schen Prinzipien entwickelt. Dworkin geht es vor allem darum, dass eine Ressourcenverteilung zwar nicht »endowment sensitive«, dafür aber »ambition sensitive« sein müsse. Sie dürfe nicht das Ergebnis der Lotterie der natürlichen Talente widerspiegeln, müsse aber individuellen Einsatz belohnen. Leider ist Dworkin mit seiner Theorie der »Ressourcengleichheit« zu keinem konkreten Ergebnis gelangt. Sein Denken hat sich vielmehr in Überlegungen zu hypothetischen Ressourcenauktionen verloren. Bedauerlicherweise haben Dworkins Epigonen und Kritiker diesen Ansatz auf die Spitze getrieben.

Amartya Sen hat im Kontrast dazu einen »capabilities approach« entwickelt, indem er allerdings nicht mehr getan hat, als den Gedanken zu wiederholen, dass Freiheit gewisser Realbedingungen ihrer Ausübung bedarf. Weder Dworkins noch Sens Arbeiten reichen, was den philosophischen Tiefgang und die Subtilität der Durchführung angeht, an das Rawls'sche Werk heran.

§ 74. Die postnationale Konstellation

Wenn es zutrifft, dass die Realisierung der sozialen Gerechtigkeit nach Rawls'schem Vorbild die relativ geschlossene politische Einheit des Nationalstaats voraussetzt, dann ist es nicht weiter verwunderlich, dass postnationale Vorstellungen über Gerechtigkeit eher an Nozick als an Rawls erinnern.

Mit der Globalisierung verändert sich die Sicht auf die Gerechtigkeit. Zur politisch und vertikal gesteuerten Realisierung von sozialer Gerechtigkeit bedarf es einer Gewalt, die in der Lage ist, öffentliche Güter und Dienstleistungen in begrenzbarem Umfang zu schaffen. Sie muss die Verfügbarkeit von leistbarem Wohnraum sichern oder die Versicherung gegen Partizipationsrisiken wie Krankheit, Unfall, Arbeitslosigkeit und Alter solidarisch organisieren. Zur Erreichung dieser Zwecke muss sie über ein ausreichendes Steueraufkommen verfügen. Diese Instanz – der Staat im westeuropäischen Sinn – gerät unter Bedingungen der Globalisierung offenbar in eine paradoxe Situation. Er hat zur Erbringung dieser Leistungen einen attraktiven »Wirtschaftsstandort« zu unterhalten. Dessen Attraktivität hängt aber davon ab, dass die Belastung von Unternehmen mit Steuern und Abgaben gering und der Einsatz von Humanressourcen hinreichend »flexibilisiert« ist. Damit ist die staatliche Politik mit einer Aporie konfrontiert. Zur Verfolgung von ambitionierten Projekten der sozialen Gerechtigkeit bedürfte es sowohl eines hohen Steueraufkommens als auch eines aktiven öffentlichen Sektors. Viele politische Entscheidungsträger dürften aber befürchten, dass dadurch die Attraktivität des Wirtschaftsstandorts empfindlich leiden würde. Die Steuern müssten daher gering und die öffentlichen Dienstleistungen privatisiert werden, um sie kostengünstiger zu machen. Es sieht so aus, als ob die Realisierung sozialer Gerechtigkeit den Verzicht darauf voraussetzt, sie effektiv umsetzen zu können.

In diesem Widerspruch steckt der Staat im westeuropäischen Sinn seit dem Ende der keynesianischen Wirtschaftspolitik. Wir leben seitdem mit der fortwährenden Koinzidenz von hohen Erwartungen und harten Sparprogrammen.

In der postnationalen Konstellation sind die Grenzen prinzipiell offen. Kapital, Waren und Humanressourcen können (mehr oder minder) frei an »Standorte« bewegt werden, an denen sie sich bestmöglich verwerten lassen. Grenzen – vor allem auch Grenzen zwischen den Gesellschaften – werden als Hindernisse erfahren. Im Unterschied zu Staaten kennen Märkte grundsätzlich keine Grenzen.

In der postnationalen Konstellation avancieren marktwirtschaftliche Transaktionen – Nozicks »justice in transfer« – zum Normalfall für die Realisierung von Gerechtigkeit. Staatsgrenzen nehmen sich wie willkürliche Einschnitte im Geflecht eines an sich unbegrenzten Austauschs aus. Damit verändert sich die Sicht auf die vertikale und begrenzte (»ausgrenzende«) soziale Gerechtigkeit, an der neben Staatsbürgern nur diejenigen teilhaben, die zu Systemen der sozialen Sicherheit beitragen. Sie wird nicht mehr von innen, sondern von außen betrachtet. Von außen gesehen ist sie Ausdruck kollektiven Eigennutzes. Sie scheint willkürlich auf eine bestimmte Gruppe von Menschen begrenzt zu sein. Womöglich schafft sie auch noch negative Effekte für Außenseiter. Aus der vormaligen Lösung des Gerechtigkeitsproblems wird selbst ein Problem.

IX. Inklusion

§ 75. Von der sozialen Gerechtigkeit zur Inklusion

Die durch den Widerspruch von Anspruch und Realisierbarkeit gelähmte soziale Gerechtigkeit wird tendenziell durch die Inklusion ersetzt. An die Stelle der Verteilungsgerechtigkeit tritt die Beseitigung unfairer Ausgrenzungen. Der Mangel an Fairness geht zurück auf die Relevanz von Faktoren, die für marktwirtschaftliche Transfers prinzipiell irrelevant sein müssen: Nationalität, Geschlecht, Rasse, sexuelle Orientierung etc. Wenn diese an sich irrelevanten Faktoren aufgrund von Vorurteilen das Verhalten der Marktteilnehmer beeinflussen, dann ist durch Diskriminierungsschutz gegenzusteuern und der Markt moralisch einzuhegen.

Diese Inklusion lässt sich durch Rechte bewirken, die Zugang zu Erwerbs- und Lebenschancen gewährleisten. Zu ihrer Anwendung und Implementierung bedarf es der Gerichte und administrativer Regulierungen. Des solidarischen Zusammenhalts, der die Realisierung des Differenzprinzips garantieren sollte, bedarf die Inklusion nicht. Die Gleichheit verengt sich auf die Chancengleichheit und konzentriert sich auf die Beseitigung von Partizipationshindernissen. Die Gesellschaft, an der die Menschen gleichberechtigt partizipieren, ist eine Gesellschaft, die Ungleichheiten des Vermögens und der sozialen Stellung zulässt, solange diese nicht auf einer Diskriminierung beruhen. Vor diesem Hintergrund sind alle Diskriminierungen gleich relevant. Das »glass ceiling« für Spitzenmanagerinnen ist ebenso ein Skandal wie die Vorschrift, eine Toilette nach Maßgabe des offiziell festgestellten Geschlechts verwenden zu müssen. Kein Inklusionsproblem hat Vorrang vor einem anderen. Alle Diskriminierungen sind gleich schlecht.

Der Paradigmenwechsel von der sozialen Gerechtigkeit zur Gerechtigkeit als Inklusion erklärt, warum Ungleichheiten an Einkommen und Vermögen als unvermeidlich und unkorrigierbar erfahren werden. Die Feststellung des Unvermeidlichen ist begleitet von einem Mantra des Bedauerns.

§ 76. Abschied von der Emanzipation

In Gesellschaften, in welchen die Inklusion – wenn auch mit Bedauern – die Realisierung der sozialen Gerechtigkeit ablöst, ruht die moralische Aufmerksamkeit auf sozial marginalisierten Gruppen: Frauen, national oder ethnisch Fremde, Homosexuelle, Transsexuelle, religiös Auffällige, Behinderte, Dicke. Die Angehörigen dieser Gruppen sind mit dem nicht unerheblichen Risiko belastet, in dem einen oder anderen Kontext benachteiligt zu werden. Als verursacht gelten die Benachteiligungen durch den Einfluss feindseliger Haltungen oder Stereotype, die entweder bewusst oder unbewusst die soziale Wahrnehmung und das Verhalten anderer Menschen prägen.

Die Fixierung auf die soziale Ausgrenzung ist vom Problembewusstsein der politischen Philosophie Rousseaus und Marx' grundverschieden. Weder Rousseau noch Marx haben die Entfremdung für irgendjemandes Werk gehalten, geschweige denn für das Resultat eines Vorurteils. Sie gilt ihnen als etwas, was der Struktur der marktwirtschaftlichen Kooperation immanent ist.

Damit verbindet sich ein weiterer signifikanter Unterschied. Denkern wie Rousseau und Marx ging es um die Überwindung einer Situation der wechselseitigen Abhängigkeit, die von den meisten Menschen als freiheitsvermindernd erfahren wird. Wenn man permanent darauf achten muss, wie man in den Augen anderer dasteht, um nicht gemieden und geschnitten zu werden, kann man sich nicht spontan entfalten. Nur die Angepassten haben damit kein Problem. Wenn man auf Schritt und Tritt seine Marktmacht zu kalibrieren hat, um von wirtschaftlichen Chancen nicht abgeschnitten zu werden, kann man keinen selbstbestimmten Projekten nachgehen.

Der Inklusionsimperativ ist für die Freiheitsverminderung blind, die der dezentralen Kooperation auf Märkten inhärent ist. Sie zielt bloß auf die gleiche Partizipation an der kooperativen Abhängigkeit ab.

Sowohl Rousseau als auch Marx wollen aber die freiheitsvermindernde wechselseitige Abhängigkeit in eine freiheitsermöglichende Gegenseitigkeit verwandelt sehen. Rousseaus Idee der *aliénation totale* mag vor diesem Hintergrund verständlicher werden. Vermöge der »totalen Entäußerung« ans Gemeinwesen ist eine Republik möglich. Sie setzt voraus, dass die Menschen die soziale Perspektive der privaten, zweckrationalen Verfolgung des Eigeninteresses überwinden und die Perspektive von Staatsbürgerinnen einnehmen. Diese machen es sich zur Aufgabe, Strukturen der Kooperation zu bewahren und zu gestalten, vermöge derer »die freie Entfaltung des einen zur Bedingung für die freie Entfaltung des anderen wird« (Marx). Die gemeinsame Kontrolle über die wechselseitige Abhängigkeit emanzipiert die Menschen aus den Anpassungszwängen der naturwüchsigen sozialen Ordnungen.

Die aus einer solchen Emanzipation hervorgehenden Strukturen bezeichnet der deutsche Philosoph Axel Honneth (*1949) als »soziale Freiheit«. Der deutsche Staatsrechtslehrer Dieter Suhr sprach in diesem Zusammenhang von der »Entfaltung des Menschen durch den Menschen«. Im Zentrum steht bei beiden die freie Realisierung von Interessen und Plänen. Diese kann sich *zum einen* in konkreten und spontanen Gegenseitigkeiten manifestieren. Das Interesse der Besucher an Theaterveranstaltungen ermöglicht es den Schauspielern, interessante Stücke darzubieten. Durch die Auswahl der Stücke gelingt es den Besuchern, ihren ästhetischen Horizont zu erweitern. *Zum anderen* realisiert eine Gesellschaft, die auf sozialer Gerechtigkeit im Sinne von Rawls basiert, die soziale Freiheit, insofern die Leistungen des einen dazu dienen, das Leben und die Leistungen der anderen zu ermöglichen. Dass man das Leben in einer sozialen Position als entfremdend erfährt, lässt sich im großen sozialen Zusammenhang vielleicht nicht vermeiden; aber es ist gerechtfertigt, solange es gerecht zugeht.

Strukturen der sozialen Freiheit realisieren das Prinzip der Verallgemeinerung. Aus der Sicht der von einer Praxis Betroffenen kann diese Praxis gewollt werden, weil sie die eigene Freiheit befördert.

Marx meinte, dass eine soziale Klasse der Träger des Emanzipationsprozesses sein würde, nämlich das Proletariat. Auch daran zeigt sich ein Unterschied zur Gerechtigkeit als Inklusion. Keine der marginalisierten Gruppen ist dazu bestimmt, eine gerechtere Gesellschaft hervorzubringen. Nach dem Marx'schen Ansatz waren die Lebensweise und die solidarische Gerechtigkeitsvorstellung der Arbeiterklasse der Vorschein der Organisation der zukünftigen Gesellschaft. In seiner berühmten »Kritik des Gothaer Programms« (1875) stellt Marx für die sozialistische Gesellschaft fest, dass in ihr das Leistungsprinzip noch zur Geltung kommen werde. Erst in der kommunistischen Gesellschaft werde das, was Menschen gemessen an ihren Fähigkeiten schaffen, an alle aufgrund ihrer Bedürfnisse verteilt. Vom Ansatz her wurde hier die Solidarität im Verhältnis zwischen den Mitgliedern der Arbeiterklasse zum Vorbild für die Solidarität einer klassenlosen Gesellschaft genommen.

Was die Gerechtigkeit fordert, ist so gut wie immer umstritten. Das spricht nicht gegen die Fragestellung. Alles, mit dem sich Menschen wissenschaftlich auseinandersetzen, ist umstritten. Wäre es das nicht, würde die Qualität des wissenschaftlichen Wissens erheblich leiden.

Gleichwohl ist nach Jeremy Waldron das Ausbleiben der Übereinstimmung im Falle von moralischen Problemen gravierender als in den Wissenschaften. In den Naturwissenschaften herrscht wenigstens ungefähre Übereinstimmung darüber, was als Beweis oder was als Widerlegung gilt, weil im Großen und Ganzen Einhelligkeit über verlässliche wissenschaftliche Methoden herrscht. In der moralischen Überlegung besteht nicht einmal darüber Einigkeit. Moralische Kontroversen sind begleitet von Meta-Kontroversen darüber, wie sich diese Kontroversen rational beilegen lassen.

Es ist daher nicht möglich, die Gerechtigkeit des Rechts zu einer notwendigen Bedingung seiner Geltung zu erheben. Es ist dem Rechtsverhältnis immanent, das Nachgeben gegenüber einem faktischen Wollen zur Geltungsbedingung zu machen. Die Frage ist bloß, ob dieses Nachgeben an eine Grenze stößt. Jedenfalls begegnet uns in der Faktizität der Geltungszumutung die im Rechtsverhältnis enthaltene Zurückweisung der Moral.

Polis und Staat

X. Einleitung

§ 78. Widerstand und Zerfalll verhindern

Das Bestehen von Rechtsverhältnissen lässt sich so lange rechtfertigen, als niemand Grund zum Widerstand hat.

Diese Bedingung hat zwei Seiten.

Erstens sollte keine der Gruppen oder Kräfte, die an der gesellschaftlichen Zusammenarbeit teilhaben, den Eindruck gewinnen müssen, sie habe diese wegen einer groben Ungerechtigkeit aufzukündigen. Eine Verfassung hat ein stabiles und konstruktives Zusammenwirken zu ermöglichen.

Zweitens müssen, damit dies gewährleistet sein kann, die Gruppen zueinander passen. Es wäre verkehrt, jene einzubeziehen, welche die Verfassung ablehnen oder dazu neigen, sich vorschnell in einer Opferrolle zu sehen.

Eine Verfassung hat also zwei variable Dimensionen: Institutionen und politische Kräfte. Es ist möglich, die Institutionen und Regeln an die Beziehungen zwischen Gruppen anzupassen oder aber umgekehrt jene Gruppen auszuschließen oder zu unterdrücken, welche die Institutionen und Regeln gefährden.

Was diesen Dimensionen Einheit verleiht, sind die gegenseitig als legitim *erachteten* Gründe zum Widerstand. Diejenigen, mit denen man einig darüber ist, unter welchen Umständen Widerstand legitim wäre, können am Gemeinwesen partizipieren.

Andere, deren Einstellungen als exaltiert oder verstiegen erscheinen, können bestenfalls geduldet werden.

Verfassungen beruhen somit auf einem stillschweigenden Einverständnis darüber, was man anderen nicht zumuten darf. Das ist ihre »sittliche« Grundlage (siehe oben § 6, § 20).

§ 79. Antike und moderne Freiheit

Es gibt zwei Organisationsformen von Herrschaft, die das politische Denken Europas nachhaltig beschäftigt haben. Es sind dies die Polis und der Staat.

Worin liegt der Unterschied zwischen beiden? Die beste Annäherung an die Thematik bietet ein klassisch gewordener Text von Benjamin Constant (1767–1830).

Constant unterscheidet zwischen antiker und moderner Freiheit. Nach dem antiken Verständnis war frei, wer am politischen Prozess als gleichberechtigter Bürger teilnahm. Diesem Prozess waren inhaltlich keine Grenzen gesetzt. Die Polis durfte alles regeln. Die moderne Freiheit im Sinne einer »staatsfreien Sphäre« anerkannte sie nicht. In der athenischen Demokratie drohte den Auffälligen sogar jederzeit der Ausschluss aus der Gemeinschaft aufgrund eines Ostrazismus (»Scherbengericht«). Die Polis war auch nichts Liebes. Im Verhältnis zu anderen Poleis stand das Kriegführen auf der Tagesordnung. Die Besiegten wurden versklavt. Sie hatten Pech gehabt.

Der modernen, negativen Freiheit von staatlichem Zwang steht eine Instanz gegenüber, deren Hoheitsgewalt aus einem gedachten Zentrum – der Souveränität – strömt. Alle Gewalten sind als funktionale Spezifizierungen der souveränen Gewalt konzipiert. Für das Funktionieren des modernen Staates ist es unerheblich, welchen Charakter seine Bürgerinnen und Bürger haben. Er rechnet bloß damit, dass sie zweckrationale Akteure sind. Der

Staat ist eine Anstalt. Diese ordnet an. Die Bürgerinnen und Bürger müssen gehorchen. Einer durch Erziehung verinnerlichten Tauglichkeit zum Regiertwerden bedarf es grundsätzlich nicht. Im Zweifel regiert die Furcht. Die Bürgerinnen und Bürger drängen sich auch nicht vor, wenn es gilt, dem Gemeinwohl zu dienen und Opfer zu erbringen. Sie wollen frei sein, und das in ihren privaten Beziehungen.

Im Folgenden ist dieser Kontrast zu entwickeln.

In der republikanischen Politiktradition hat sich bis heute die Erinnerungsspur an die Polis erhalten. Aus der Auseinandersetzung mit der Souveränität gebiert sich der Liberalismus. Der Republikanismus, der Liberalismus und die Souveränität bilden den Hintergrund unseres modernen Verständnisses von Demokratie.

XI. Die Polis

§ 80. Politische Wissenschaft

In der Polis entsteht erstmals die politische Wissenschaft in der Gestalt der Philosophie. Vielleicht war es in der Tat Sokrates (469–399 v. Chr.), der diese Wissenschaft erfand, obwohl die sogenannten »Sophisten« bereits Beiträge dazu geleistet hatten.

Die Sophisten wirkten als »Trainer« und »Coaches« im antiken Athen des fünften und vierten vorchristlichen Jahrhunderts. Junge Männer aus wohlhabenden Familien nahmen ihre Dienstleistungen in Anspruch, um etwas aus sich zu machen. Sie interessierten sich für effektive Kommunikation, etwa für das überzeugende Reden vor Gericht, oder suchten Ratschläge, wie sie politisch erfolgreich sein könnten. Immer ging es um den erwünschten Effekt und nicht um die Moral. Die Domäne der Sophisten waren die Rhetorik und die Persönlichkeitsentwicklung.

Die Namen für die von ihnen angebotenen Programme lauten heute anders (z.B. »NLP«), aber nach wie vor gehören Politiker und sogenannte Führungskräfte zu ihren Klienten.

Mit den Sophisten verbindet man den Aufstand der Zweckrationalität gegen die moralische Tradition. Gut ist, was nützt. Das ist die erste Form der Aufklärung, denn immerhin geht es darum, die Moral als Decknamen für den Eigennutz zu entlarven. Die Gerechtigkeit ist eine semantische Beschönigung des Rechts des Stärkeren.

Sokrates hatte es sich zur Aufgabe gemacht, den Sophisten vor Augen zu führen, dass sie nicht verstünden, wovon sie redeten, und dass ihre vermeintliche Aufklärung auf verworrenen Prämissen beruhte. Allerdings war sein Unternehmen riskant. Schon damals fanden die Menschen wenig Gefallen daran, wenn man das, was sie für wahr hielten, dumm aussehen ließ. Sokrates zog den Vorwurf der Ungläubigkeit auf sich. Er wurde verurteilt und zu Tode gebracht. Bei Platon wird am Beispiel von Sokrates daher auch das Risiko des Philosophierens thematisiert. Wer kritisch untersucht, woran alle glauben, muss damit rechnen, aus der politischen Gemeinschaft entfernt zu werden.

Vom Schicksal des Sokrates abgesehen ist die Polis jedenfalls die erste Organisationsform des menschlichen Zusammenlebens, der es immanent ist, über ihre eigenen Grundlagen nachzudenken und aufgrund dieses Nachdenkens weiterzumachen.

§ 81. Der aristotelische Ansatz

Auf den ersten Seiten seiner *Politik* erinnert Aristoteles daran, dass die Polis aus kleineren Gemeinschaften wie der Familie oder Dörfern hervorgeht. Es mag zwar so aussehen, als entstünden Staaten aus Überlebensnotwendigkeit, aber sie erfüllen seines Erachtens einen anderen Zweck, als Bedürfnisse wie Nahrung und Sicherheit zu befriedigen. Um des bloßen Lebens willen entstanden, besteht der Staat letztlich um des »vollkommenen Lebens willen« (*Politik*, übersetzt v. O. Gigon, München 1973, 1235a 29).

Was hat man sich unter dem »vollkommenen« oder »edlen« Leben vorzustellen? Es ist jedenfalls ein Leben, das nicht von der Sorge um die Bedürfnisbefriedigung bestimmt ist. Edel kann das Leben nur dann sein, wenn man Freizeit – Muße – hat. Unter dieser Bedingung kann man sich dem widmen, wozu unter allen Lebewesen allein die Menschen in der Lage sind. Dazu gehören das Erscheinen im öffentlichen Raum, die tätige Sorge um die Gemeinschaft und die Wissenschaft.

Die Existenz und Autorität der Polis erklären sich daher aus den Zielen, die man in ihr zu realisieren vermag. Denn nur in der Polis ist es den Menschen als Bürgern möglich, ihr Sein-Können zu realisieren. Die weithin bekannten Aussagen der aristotelischen *Politik*, die in diesem Zusammenhang zitiert werden, besagen, dass die Menschen von Natur aus politische Wesen seien und dass, wer nicht mit anderen zusammenleben müsse, entweder ein Tier oder ein Gott sei.

Die aristotelische Ethik ist von dem Gedanken geprägt, dass die Menschen unfertig zur Welt kommen. Ihre Antriebe und emotionalen Reaktionen sind formbar. Die Ethik rekonstruiert, wie man von natürlichen Ausgangsbedingungen zum gelungenen Menschsein gelangen kann. Den Schlüssel dazu bilden die Tugenden (wie Besonnenheit, Großherzigkeit, Tapferkeit, Klugheit oder Gerechtigkeit). Sie verschaffen dem Handeln das richtige Maß. Das tugendhafte Verhalten übt man in Praktiken ein. Durch Erziehung und Übung erlernt man, tugendhaft zu sein. Diesen erzieherischen Zweck erfüllen auch die Gesetze:

> Die Tugenden [...] erwerben wir, indem wir sie zuvor ausüben, wie dies auch von den sonstigen Fertigkeiten gilt. Denn was wir durch Lernen zu

tun fähig werden sollen, das lernen wir eben, indem wir es tun: durch Bauen werden wir Baumeister und durch Kitharaspielen Kitharisten. Ebenso werden wir gerecht, indem wir gerecht handeln [...]. Ein Beweis ist auch, was in den Staatsgemeinschaften geschieht. Denn die Gesetzgeber machen die Bürger durch Gewöhnung tugendhaft, und dies ist die Absicht jedes Gesetzgebers [...]. (*Nikomachische Ethik*, übers. v. Olof Gigon, München 1972, 1103a 30–1103b 7)

Auch wenn man Aristoteles nicht zu Unrecht nachsagt, eine Art Rechtsstaat mit Gewaltenteilung vertreten zu haben, darf nicht übersehen werden, dass die Legalität vor allem auch ein wesentliches Mittel der Erziehung der Bürger ist. Seines Erachtens kann es keinen guten Staat ohne gute Bürger geben:

Dass sich der Gesetzgeber in erster Linie um die Erziehung der Jungen kümmern muss, wird wohl niemand bestreiten. Wo es in einem Staat nicht geschieht, da erwächst auch ein Schaden für die Verfassung. (*Politik*, 1337a 9-13)

Auch das Regieren erlernt man seines Erachtens, indem man regiert wird. Die politische Herrschaft, in der Freie über ihresgleichen regieren, beruht darauf (ebd., 1277b 9-15):

Der Regent muss [die politische Herrschaft] dadurch lernen, dass er regiert wird: Reiterführer wird er, indem er als Reiter dient, Feldherr, indem er als Soldat dient, und ebenso Taxiarch und Lochage [beides militärische Anführer]. Darum wird auch mit Recht gesagt, dass keiner gut regieren kann, der sich nicht gut hat regieren lassen. Hier handelt es sich um verschiedene Tugenden; der gute Bürger aber muss sich sowohl regieren lassen, wie auch regieren können, und dies ist die Tugend des Bürgers: Die Regierung von Freien in beiden Richtungen zu verstehen.

§ 82. Sein-Können

Das menschliche Sein-Können ist einerseits in individuellen Begabungen manifest; andererseits betrifft es die Fähigkeiten, durch welche sich die Menschen von anderen Lebewesen unterscheiden.

Die Menschen haben Vernunft und Sprache. Sie können sich eine Vorstellung von dem machen, was richtig und was falsch ist. Sie können sich mit anderen darüber verständigen und, nachdem sie sich darüber verständigt haben, Entscheidungen treffen. Sie sind zur gemeinsamen Ordnung ihrer Angelegenheiten fähig.

Bürgersein bedeutet, sich als Teil einer Gemeinschaft zu verstehen und zu ihrer Regierung beizutragen. Tugendhaften Bürgern kommt es darauf an, von den Mitbürgern, die sie selbst für tugendhaft halten, anerkannt und geschätzt zu werden. Es geht um die Ehre. Man lebt bürgerlich in einem antiken Sinn, wenn man mit dem Bestreben, sich auszuzeichnen, öffentlich in Erscheinung tritt.

Hannah Arendt (1906–1975) hob deswegen hervor, dass die Sphäre, in der man für andere *erscheint*, um zum gemeinsamen Handeln zu gelangen, die politische Welt ausmache. Nun ist das Politeuma – die Bürgerschaft – auch aus Leuten zusammengesetzt, welche die Welt unterschiedlich sehen. Diese Erfahrung von »Pluralität« ist in Arendts Werk nachdrücklich betont worden. Das politische Handeln steht immer vor der Herausforderung, mit der Pluralität von Sichtweisen fertigwerden zu müssen, ohne zur Gewalt greifen zu dürfen.

§ 83. Die Regierung der Vernunft

In der antiken politischen Philosophie spielt der Zusammenhang zwischen der menschlichen Seele und dem Regieren von Menschen eine bedeutende Rolle.

Das Regieren lässt sich als äußere und kollektive Manifestation der persönlichen Lebensführung deuten. Sein Leben *führen* bedeutet, auf seine Antriebe zu achten und diese zu kontrollieren. Im einzelnen Menschen regiert die Seele despotisch über den Körper. Innerhalb der Seele regiert, wenn alles gut geht, der vernünftige Teil über den vernunftlosen oder leidenschaftsbegabten Teil (das Streben, die Antriebe). Der vernunftlose Teil der Seele ist allerdings dazu in der Lage, »auf die Vernunft zu hören«. Er ist für die Ausbildung von Gewohnheiten unerlässlich und daher ein integrales Element der Tugenden.

So wie innerhalb der Seele der vernünftige den vernunftlosen und empfindungsfähigen Teil beherrscht, regiert in der Polis idealerweise die vernünftige Bürgerschaft den relativ weniger vernünftigen Teil der Einwohner. Wenn die meisten Menschen einigermaßen Vernunft in sich vereinigen, dann können sie in der Polis gemeinsam – als Gleiche – ihre vernunftlosen, aber der Vernunft nicht verschlossenen Antriebe und Strebungen beherrschen. Das Einwirken geschieht, wie bereits erwähnt (siehe oben § 81), durch Formung des Charakters. Daraus erklärt sich, weshalb die Erziehung, das Habitualisieren und das Einüben so wichtig sind. Die Vernunft wird auf diese Weise dem Vernunftlosen eingebildet.

Wenn die Vernunft innerhalb der Polis ungleich verteilt ist, dann müssen freilich die Besonnenen und Klugen über die Impulsiven, Aufmüpfigen und Blöden herrschen. Aristoteles hält in diesem Zusammenhang fest (ebd., 1291a 24-27):

Und wenn man die Seele für einen wesentlicheren Teil des Lebewesens hält als den Körper, so muss man auch in Staaten mehr diese Dinge berücksichtigen als jenes, was sich auf die Notwendigkeiten des Lebens bezieht, also die Krieger und die Richter, die die Gerechtigkeit vertreten, ferner die Beratenden, denen die politische Einsicht zugewiesen ist.

Etwas anders geartet, aber nicht minder bedeutend, ist Platons politische Psychologie, wonach eine gut aufgebaute Polis gleich der menschlichen Seele auf einem harmonischen Zusammenspiel von drei Komponenten beruht. Die betreffenden Seelenteile sind der begehrende Teil (Epithymia), der Mut (Thymos) und die Vernunft (Logos). Klarerweise soll der Logos herrschen. Die ideale Polis baut sich aus den Produzenten, den Wächtern und den Philosophen auf, die mit der Lenkung des Ganzen befasst sind.

§ 84. Charakter und politische Verfassung

Aristoteles hat einen unspektakulären Verfassungsbegriff. Eine kurze Formulierung lautet (ebd., 1278b 8-11):

Eine Verfassung ist eine Ordnung des Staates hinsichtlich der verschiedenen Ämter und vor allem des wichtigsten von allen. Das wichtigste ist überall die Regierung des Staates [...].

Bei der Bestimmung der Regierung geht es darum, wer eigentlich wirklich herrscht. Die Institutionen sind sekundär. Es kommt auf die Person oder die Gruppe an. In der Welt des Aristoteles sind zwei Gruppen von besonderer Bedeutung: die Reichen und die Armen. Zumeist sind nur wenige reich und viele arm. Der wesentliche Gegensatz ist daher der zwischen einer kleinen Zahl, die wohlhabend ist, und vielen andern, die wenig haben.

Nun bildet sich in den genannten Gruppen ein spezifischer menschlicher Charakter aus, der auf ein Lebensideal passt. Eine Verfassung ist insofern auf *ihren* Modellbürger zugeschnitten. Aus dem Charakter erklärt sich auch, weshalb die Bürger einen Anspruch auf die gleichberechtigte Teilnahme am Regieren erheben: aus Freiheit, wegen ihres Vermögens oder aufgrund ihrer sittlichen Tüchtigkeit. In diesen Gründen spiegelt sich auch, was sie von der politischen Vereinigung erwarten.

In der Demokratie geht es darum, leben zu können, wie man will. Und diese bedeutet für die Bürger, dass sie leben können, wie es ihnen spontan in den Sinn kommt (ebd., 1317b):

> Sie sagen, dies eben sei die Leistung der Demokratie: denn nicht zu leben, wie man wolle, sei charakteristisch für Sklaven. [...] Von da her kommt denn, dass man sich nicht regieren lässt, am besten von überhaupt niemandem, oder dann doch nur abwechslungsweise. Auch dies trägt zur Freiheit im Sinne der Gleichheit bei.

In der Oligarchie zählt die Vermehrung des privaten Reichtums. Die Aristokratie hingegen zielt auf das edle Leben ab, also ein Leben, in dem Menschen unter anderem ihren Sinn für Gerechtigkeit und für die praktische Klugheit betätigen. Deswegen ist die politische Teilhabe so essenziell.

Aristoteles sieht einen Zusammenhang zwischen diesen Lebensidealen und der institutionellen Ausgestaltung der Verfassung. In der Demokratie bestimmt das Prinzip der gleichen freien Geburt die Verteilung der politischen Ämter. Es entscheidet das Los. Auch ist die Ämterrotation ein demokratisches Element, die Wahl hingegen ein oligarchisches. Dem oligarchischen Bürger geht es um seinen Reichtum. Die Organe werden durch Wahl bestellt. Sie sind Interessenvertreter. Der Zweck des Staates ist es, den Reichtum zu erhalten und zu vermehren. Typisch oligarchisch ist es außerdem, wenn Bußgelder geleistet werden müssen für die Nichtausübung eines Amtes; hingegen ist es demokratisch, Diäten auszubezahlen.

§ 85. Wer nicht teilnimmt

Sie werden sich fragen: Wo bleiben die Frauen?

Sie sind auf die häusliche Sphäre, den *oikos*, beschränkt, in dem der Mann despotisch herrscht. Gewiss spielen sie auch eine Rolle bei der Beaufsichtigung der Sklaven. Die Antike war kein Honiglecken für diejenigen, die nicht Bürger waren. Erst das Haus entlastet von der Beschäftigung mit der eigenen »Notdurft«. Das menschliche Leben beginnt, wenn man sich nicht um Ernährung, Bekleidung und Wohnen kümmern muss. Deswegen will Aristoteles auch nicht die sogenannten »Banausen« (Handwerker, körperlich Arbeitende) an der Regierung partizipieren lassen.

§ 86. Die Kreuztabelle

Die Unterscheidung der Verfassungen aufgrund des Teilhabeanspruchs der Bürger und ihres Lebensziels ist aufschlussreicher als die vergleichsweise berühmtere aufgrund der Anzahl der Regierenden. Diese verliert nämlich den Zusammenhang zwischen der Verfassung und der menschlichen Seele bzw. dem Charakter aus dem Auge.

In einer der etwas weniger subtilen Passagen seines Werks entwickelt Aristoteles eine berühmt gewordene Kreuztabelle der Verfassungen gemessen an (1) der Anzahl der Regierenden und (2) ihrer Orientierung am Gemeinwohl.

	Einer	Wenige	Die Vielen
Gemeinwohl	Monarchie	Aristokratie	Politie (Timokratie)
Eigenwohl	Tyrannis	Oligarchie	Demokratie

Die Frage ist, ob die drei gelungenen Verfassungen gleichzeitig über die Ziellinie gehen, also die eine so gut wie die andere ist.

An diesem Punkt wird es recht kompliziert, zumal Aristoteles' Werk viele intuitiv einleuchtende Ideen und erstaunliche Beobachtungen enthält, aber leider Systematik und Konsistenz im Detail vermissen lässt.

Seine Grundidee bleibt gleich, dass die Polis in einer guten Verfassung ist, wenn die tugendhaften Menschen – Menschen mit Gerechtigkeitssinn – herrschen. Diese Bedingung sieht Aristoteles in der Aristokratie und der Monarchie am ehesten verwirklicht, Letzteres wenigstens dann, wenn die Monarchie aus der Aristokratie hervorgeht. Er selbst scheint die Aristokratie zu bevorzugen, auch wenn er an einer Stelle behauptet, die Monarchie (das Königtum) sei die beste Herrschaftsform.

Aristoteles insistiert darauf, dass zur gelungenen Regierung sowohl gute Gesetze als auch freiwilliger Gehorsam gehören. Vernünftige Bürger sind zum Regiertwerden geeignet. Sie gehorchen freiwillig. Die Unvernünftigen müssen wie Sklaven oder Fremde beherrscht werden. Die Letzteren haben einen servilen Charakter und lehnen sich gegen ihre despotischen Herrscher nicht auf.

Tugendhafte Menschen verhalten sich anderen gegenüber gerecht und behalten das Gemeinwohl im Auge. Unter diesem Vorzeichen denkt Aristoteles die Verfassungsformen immer auch aus der Sicht ihres drohenden Umkippens in die jeweilige verfehlte (parekbatische) Form. Unter der Bedingung, dass eine Person herrscht, die alle anderen an Tugenden überragt, ist die Monarchie eine gelungene Verfassung. Umgekehrt ist die Tyrannis die schlechteste Verfassung, zumal der Despot uneingeschränkt und nach Belieben herrschen kann. Die Aristokratie ist ebenfalls eine gelungene Verfassung, weil ihr Prinzip die Tugend ist. Allerdings ist die Oligarchie die zweitschlechteste. Die Politie oder Timokratie ist gelungen, während die Demokratie am drittschlechtesten ist. Der Grund, weshalb Aristoteles der Demokratie konzediert, gar nicht so schlecht zu sein, mag an der »Weisheit der Menge« liegen (ebd., 1281a 42–1281 b 7):

> Denn die Menge, von der der Einzelne kein tüchtiger Mann ist, scheint doch in ihrer Gesamtheit besser sein zu können als [die] Besten. [...] Denn es sind viele, und jeder hat einen Teil an Tugend und Einsicht. Wenn sie zusammenkommen, so wird die Menge wie ein einziger Mensch, der viele Füße, Hände und Wahrnehmungsorgane hat und ebenso, was den Charakter und den Intellekt betrifft.

Die Politie ist somit weniger riskant als die Aristokratie und die Monarchie. Gleich der Demokratie schließt sie das Abwechseln im Regieren und Regiertwerden ein. Dieses Abwechseln ist der Kern der genuin politischen Herrschaft, die eine Herrschaft unter Freien und Gleichen ist.

§ 87. Bürgerfreundschaft

Aristoteles' Bevorzugung der Politie – der »Republik« – ist zunächst vor dem Hintergrund der Degenerationsanfälligkeit der alternativen guten Verfassungen zu verstehen. Die Republik wird nicht so leicht durch antagonistische Kräfte zerrissen und bringt auch nicht jemanden an die Regierung, der sich Feinde schafft oder dauerhaft polarisiert. Sie ist gut, weil sich in ihr das menschliche Leben kontinuierlich entfalten lässt. Somit entpuppt sich die Suche nach der im Großen und Ganzen besten Verfassung auch als Suche nach der stabilsten Verfassung.

Die Politie wird von einem breiten Mittelstand (die *mesoi*) getragen und kennt daher keine signifikanten Gegensätze zwischen Arm und Reich. Die Angehörigen dieses Mittelstands sind eher dazu geneigt, auf die Stimme der Vernunft zu hören, als die meisten Reichen oder die meisten Armen.

Die Zuversicht in die Vernunft des Mittelstands ist vor dem Hintergrund konkreter Erfahrungen zu sehen. Die Burschen, die aus wohlhabenden Familien abstammen, sind zumeist verwöhnte Fratzen. Sie können nicht gehorchen. Sie bilden sich ein, etwas Besseres zu sein, und nehmen keine Rücksicht auf andere. Sie regieren despotisch. Umgekehrt haben Menschen armer Herkunft nie gelernt, andere zu führen, und müssen gleich den Sklaven durch Drohung mit Gewalt regiert werden. Die Reichen sind unverschämt und anmaßend und haben das Zeug zum spektakulär gewalttätigen Verbrechertum; die Armen hingegen neigen zum eher unauffälligen Schurkentum und zur Kleingaunerei. Die Konsequenzen für die Stadt sind in beiden Fällen fatal (ebd., 1295b 21–24):

> Auf diese Weise gibt es denn einen Staat von Herren und Knechten, aber nicht von Freien; die einen beneiden und die anderen verachten, und beides widerstrebt im höchsten Maße der Freundschaft und politischen Gemeinschaft. Denn diese Gemeinschaft hat Freundschaftscharakter; mit Feinden wird man aber nicht einmal den gleichen Weg gehen wollen.

Wenn es an der Freundschaft – also dem gegenseitigen Interesse am Wohlergehen des anderen – gebricht, dann ist die Stadt in sich gespalten. Das Problem der Spaltung ist in der Oligarchie gravierender als in der Demokratie. Zur Spaltung zwischen Arm und Reich treten die Konflikte zwischen den reichen Familien hinzu. (In einer Demokratie laufen die Armen den Demagogen nach, die sich darauf verstehen, die angesehenen Bürger schlechtzumachen. Jedenfalls verstärkt sich bei signifikanter Klassenspaltung wenigstens einer der beiden Hauptgründe für die Instabilität der Verfassung: der Wunsch nach mehr Gleichheit seitens der Armen oder der Wunsch nach größerem sozialen Abstand seitens der Wohlhabenden.

Im Vergleich dazu sind die Angehörigen des Mittelstands weder vom Klassenhass gegen die Angesehenen zerfressen, noch müssen sie sich gegen die Anfeindungen seitens der Ärmeren wehren. Sie halten sich auch nicht für etwas Besseres. Allerdings sind die Angehörigen des Mittelstands Durchschnittsmenschen. Sie zeichnen sich nicht durch herausragende Tapferkeit, Gerechtigkeit oder Klugheit aus. Wenn Menschen, die sich durch besondere Tugenden auszeichnen, im Gemeinwesen eine Rolle spielen (etwa bewährte Militärs), dann verwandelt sich die Republik in etwas, das eher wie eine Aristokratie anmutet.

§ 88. Die »Mischung«

Wie jede Verfassung zeichnet sich die Politie einerseits durch den Charakter der Bürger aus, auf dem sie beruht, und andererseits durch eine besondere institutionelle Struktur. Die Angehörigen des Mittelstands unterscheiden sich hinsichtlich ihrer Einstellungen und Dispositionen von den habgierigen oder zügellosen Menschen, die oligarchische und demokratische Gemeinwesen bevölkern. Institutionell zeichnet sich die Politie durch das »Mischen« von Verfassungselementen zweier misslungener Verfassungen aus.

Das muss auf den ersten Blick paradox anmuten. Wie soll aus der Mischung von zwei schlechten Sachen eine gute Sache herauskommen?

Es ist bereits erwähnt worden (siehe § 84), dass Aristoteles die Umstände bestimmen will, unter denen die Herrschaft der Wohlhabenden (die Oligarchie) oder die Herrschaft der Vielen (die Demokratie) zu etwas Vernünftigem taugen kann. Der Klassengegensatz ist das Ausgangsproblem. Seine Antwort dürfte nun auf eben dieses institutionelle Mischen von Verfassungselementen hinauslaufen. Institutionell kombiniert die Republik die Elemente von oligarchischen und demokratischen Verfassungen in einem solchen Ausmaß, dass es unmöglich wird zu sagen, sie repräsentiere den einen Typ oder den anderen. Sie sei eben irgendwie beides.

Das beantwortet die Frage noch nicht, wie durch die Kombination zweier schlechter Verfassungen eine gute entstehen soll. Aber möglicherweise erschwert Aristoteles das Verständnis der Republik dadurch, dass er die diesbezügliche Idee in einem von Oligarchien und Demokratien geprägten historischen Kontext präsentiert. Wenn die solide Verbindung von A und B das gewünschte Ergebnis darstellt und es A und B bereits gibt, dann kann man zur Schaffung von AB bloß die Kombination beider empfehlen. Die Politie (Republik) lässt sich daher so verstehen, dass die Demokratie und die Oligarchie eben mangelhafte Realisierungen eines Ideals darstellen. A ist ein AB, dem B fehlt, und B ein AB, dem das A abgeht.

So gesehen enthält die Politie zwei Voraussetzungen für eine gelungene Verfassung, die sich in isolierter und extremer Ausformung auch in der Demokratie und der Oligarchie finden. Gut an der Demokratie ist das Abwechseln im Regieren und die damit verbundene normative Unterstellung, dass alle gleichermaßen fähig sind, zu regieren und regiert zu werden. Gut an der Oligarchie ist die ökonomische Unabhängigkeit der Bürger.

§ 89. Stabilität

Dass die Verfassung, die sowohl zur Realisierung des Gemeinwohls taugt als auch Aussicht auf Bestand hat, auf einer Mischung von »reinen« Formen beruht, war Aristoteles wirkungsmächtigste politische Idee. Offensichtlich hat sie zwei Seiten. Diese erste Seite betrifft die Zuversicht, dass durch das Zusammenwirken unterschiedlicher Kräfte das politische Gemeinwesen vor den erodierenden Effekten der Zeit bewahrt werden kann. Die zweite Seite betrifft das Zusammenwirken von gleichen freien Bürgern, die sich durch Bürgertugend, also durch Gemeinwohlorientierung und Gerechtigkeitssinn, auszeichnen. Mit dieser Idee verbinden wir die Tradition des Republikanismus in der politischen Philosophie.

Einer, der den stabilisierenden Effekt der gemischten Verfassung sogar ohne Rücksicht auf das ethisch gute Resultat hervorgehoben hat, war der antike Historiker Polybios (200–120 v. Chr.). Er skizziert zunächst einen Zyklus der Verfassungsformen (*anakýklosis*), eine Idee, die bereits bei Platon angedeutet worden ist:

> Zuerst bildet sich ohne besonderes Zutun und von Natur aus eine erste, urtümliche Form der Alleinherrschaft; dieser folgt und aus ihr entsteht durch planvollen Aufbau und durch Verbesserung das Königtum. Wenn das Königtum sich zu der von Natur aus in ihm angelegten Entartungsform hin verändert hat, d.h. zur Tyrannis geworden ist, dann entsteht aus dem Sturz dieser Entartungsform die Aristokratie. Doch wenn diese Form gemäß ihrer Natur zur Oligarchie entartet und die Menschen im Zorn die Ungerechtigkeiten der Männer, die an der Spitze stehen, verfolgt, entsteht die Demokratie. Aus dem anmaßenden und gesetzwidrigen Handeln

> des Volkes wiederum kommt es mit der Zeit zur Ochlokratie [»Pöbelherrschaft«, A.S.]. (Polybios, *Historien. Auswahl*, Stuttgart 1973, 11)

Polybios' Verständnis von Zeit ist typisch für die Antike. Die Zeit schreitet nicht linear fort. Sie verläuft gleich den Jahreszeiten in einem Zyklus. Also wiederholt sich alles. Das gilt auch für Verfassungen. Sie entstehen und vergehen und gehen dabei ineinander über.

Dieser permanente Verfassungswandel (*metabolei politeion*) ist allerdings nicht wünschenswert, zumal in der *anakýklosis* auch regelmäßig die schlechten Verfassungsformen wiederkehren. Es ist nur möglich, aus dem Strudel der historischen Zeit herauszutreten, indem man die diachrone Abfolge durch Gleichzeitigsein vorwegnimmt. Diejenige Verfassung verfällt nicht mehr, die Elemente aller Verfassungen in sich enthält. Indem sie den Zeitablauf verinnerlicht, hält sie diesen auch an.

Dieselbe Idee findet sich später auch bei Cicero (106–43 v. Chr.) und Niccolò Machiavelli (1469–1527). Auch dieser geht von einem Verfassungszyklus aus, der durch die Mischverfassung verhindert werden kann. Allerdings ist im Rahmen von Machiavellis Theorie der Mischverfassung der Konflikt zwischen den rivalisierenden Gruppen – den *grandi* und dem *populo* – viel prononcierter und sogar als Mittel der Stabilisierung gedacht. Der wechselseitige Widerstand verhindert die Dominanz einer Gruppe.

Bis zu Montesquieu und Rousseau ist der Republikanismus sozialpsychologisch aufmerksam für die Motive der Teilnehmer am politischen Prozess. Nach Machiavelli haben die Bessergestellten und die einfachen Leute komplementäre Temperamente. Die wohlhabenden Bürger haben eine Freude daran, die Schwächeren zu unterdrücken, während die einfachen Leute nichts anderes als ihre Ruhe haben wollen:

Denn in jeder Stadt finden sich [...] zwei Gesinnungen, was daher rührt, dass sich das Volk von den Großen weder beherrschen noch unterdrücken lassen will, die Großen aber das Volk beherrschen und unterdrücken wollen [...]. (Niccolò Machiavelli, *Der Fürst*, dt. Stuttgart 1986, Kap. 9, 75)

Selbstverständlich stellt sich die Frage, wie denn nach Polybios sechs unterschiedliche Verfassungen kombiniert werden sollen. Will man wirklich der Tyrannis auch einen Platz einräumen? Polybios selbst hat dementiert, es so gemeint zu haben. Vorgeschwebt hatte ihm vielmehr, dass die drei Verfassungsformen so kombiniert und in ein Gleichgewicht gebracht werden, dass ausschließlich die gelungenen Formen, aber nicht die Verfallsformen sich ausbilden.

Am Ende einer langen Tradition wird Karl I. von England (1600–1649) im Zuge seiner Auseinandersetzung mit dem Parlament in einem Dokument eben diesen Gedanken zum Ausdruck bringen lassen. Das Dokument ist unter dem Namen der *Answer to the Nineteen Propositions* (1642) auf uns gekommen. Der König von England antwortet darin auf 19 Vorschläge des Parlaments zur Verfassungsreform, indem er herausstellt, woraus sich die hohe Qualität der überlieferten Verfassung Englands erklärt:

There being three kinds of Government among men, absolute monarchy, aristocracy and democracy, and all these having their particular conveniences and inconveniencies, the experience and wisdom of your ancestors hath so moulded this out of a mixture of these as to give to this kingdom (as far as human prudence can provide) the conveniences of all three, without the inconveniencies of any one, as long as the balance hangs even between the three estates, and they run jointly on in their proper channel (begetting Verdure and fertility in the meadows on both sides) and the overflowing of either on either side raise no deluge or Inundation. (The

King's Answer to the Nineteen Propositions, June 18, 1642, in: *The Stuart Constitution 1608-1688*, hrsg v. J.P. Kenyon, Cambridge 1986, 19)

Das ist die Grundidee. Die Vorzüge bleiben erhalten, während die Nachteile nicht auftreten. Wie dies durch Druck und Gegendruck gleichsam mechanisch bewirkt werden soll, wird im Folgenden erläutert (ebd.):

The ill of absolute monarchy is tyranny, the ill of aristocracy is faction and division, the ills of democracy are tumults, violence and licentiousness. The good of monarchy is the uniting a nation under one head to resist invasion from abroad and insurrection at home. The good of aristocracy is the conjunction of counsel in the ablest persons of a state for the public benefit. The good of democracy is liberty, and the courage and industry which liberty begets.

Solange sich die drei Verfassungen in einem Gleichgewicht befinden, sind die Institutionen der gelungenen Formen einer Verfassung dazu in der Lage, die Degeneration der anderen Formen zu verhindern. Die Demokratie schützt vor der Tyrannei, weil das Volk sich im House of Commons gegen einen König, der despotisch neue Steuern einführen will, zur Wehr setzen kann. Einem starken Monarchen mag es gelingen, aristokratische Familien hinter sich zu versammeln und Fehden zwischen ihnen zu verhindern. Die Aristokratie, repräsentiert im House of Lords, ist ein Garant dafür, dass die Commoners keine demokratische Politik im antiken Sinn verfolgen können. Der Anarchie (»licentiousness«) wird damit ein Riegel vorgeschoben.

§ 90. Bürgertugend

Die Mischverfassung beschäftigte einige Theoretiker der Renaissance und beeinflusste auch die angloamerikanische Verfassungstradition. An erster Stelle ist auch hier Machiavelli zu nennen; für England der große intellektuelle Antipode von Hobbes, James Harrington (1611–1677). In den englischen Kolonien, aus denen die Staaten der Vereinigten Staaten von Amerika werden sollten, waren traditionelle republikanische Ideen unter den Gegnern der Bundesverfassung vertreten. Die »Anti-Federalists« traten für kleine, homogene politische Gemeinschaften ein, wo man von Menschen seines eigenen Schlages regiert würde. In diesem Sinne lesen wir in einem mit »Brutus« unterschriebenen Pamphlet aus dem Jahr 1787:

> In a republic, the manners, sentiments, and interests of the people should be similar. If this be not the case, there will be a constant clashing of opinions; and the representatives of one part will be continually striving against those of the other. (*The Anti-Federalist: Writings by the Opponents of the Constitution*, ed. H. J. Storing & M. Dry, Chicago 1985, 114)

James Madison (1751–1836) wird ihnen die neuartige Idee der »extended republic« entgegensetzen (siehe dazu unten § 101).

Im Bann der republikanischen Tradition steht auch Montesquieu (1689–1755). In seinem Werk *Vom Geist der Gesetze* unterscheidet er Monarchie, Aristokratie und Demokratie unter anderem nach dem »Prinzip«, auf dem sie beruhen. Ein solches Prinzip bewegt die Menschen zur Realisierung einer Verfassungsform. Während die Monarchie auf dem subtil ausdifferenzierten Prestige der Funktionsträger beruht, sind sowohl die Aristokratie als auch die Demokratie auf die Tugend der Bürger angewiesen. Die Aristokratie und die Demokratie gelten Montesquieu als republikanische Regierungsformen. Die Despotie hingegen beruht auf Furcht.

Als Prinzip ist die Tugend eine Triebkraft des Handelns, also ein Motiv. Sie ist in einem Gefühl verankert, das heute altmodisch wirkt, aber für die republikanische Tradition bis zu Rousseau von großer Bedeutung war, nämlich der Vaterlandsliebe oder der Liebe zur Republik. Die emotionale Bindung ans Vaterland kommt in jenen Haltungen zum Ausdruck, deren Gehalt Montesquieu auf den Punkt bringt, indem er ausspricht, was der Monarchie fehlt:

> Der Bestand des Staates ist unabhängig von der Vaterlandsliebe, dem Streben nach wahrem Ruhm, der Selbstverleugnung, der Aufopferung teuerster Neigungen, kurz all den Heldentugenden, die wir bei den Alten finden und nur noch vom Hörensagen kennen. (*Vom Geist der Gesetze*, übers. von E. Forsthoff, Bd. 1, Tübingen 1992, III. 5, S. 38)

Positiv formuliert manifestiert sich die Bürgertugend in Folgendem (IV. 5., S. 53):

> Indem die [...] Liebe [zum Vaterland] die beständige Bevorzugung des Gemeinwohls vor dem Eigenwohl verlangt, verleiht sie alle die einzelnen Tugenden, die sich durch diese Bevorzugung ausdrücken.

Dazu gehören wohl die Tapferkeit im Krieg, die Bescheidenheit als Bereitschaft, sich im Verhältnis zu anderen zurückzunehmen, und vieles andere mehr. Es ist wesentlich, dass diese Tugend auch das Regiert-Werden-Können im Sinne des Gehorchens aus Einsicht umfasst. Wenn sie fehlt, dann passiert nach Montesquieu Folgendes (ebd., III.8, S. 36–37):

Wenn die Tugend verloren geht, so zieht der Ehrgeiz in die dafür empfänglichen Herzen und die Habgier in alle Gemüter ein. Die Wünsche wechseln ihre Ziele. Was man früher liebte, liebt man nicht mehr; war man früher mit den Gesetzen frei, so will man jetzt gegen sie sein; jeder Bürger ist wie ein Sklave, der seinem Herrn aus dem Hause entlaufen ist; was *Grundsatz* war, heißt jetzt *Härte*, was *Ordnung*, *Zwang*, was früher *Achtung* hieß, bedeutet jetzt *Angst*, und *Sparsamkeit*, nicht Habsucht, nennt man jetzt *Geiz*. Früher bildete das Vermögen des einzelnen das Staatsvermögen, jetzt aber wird der Staatsschatz zum Privatgut des einzelnen.

§ 91. Coda

Woran erkennt man die republikanische Tradition? Zunächst an der eingehenden Diskussion antiker Vorbilder. Seit der Renaissance gilt das vor allem für die gemischte Verfassung der römischen Republik. Eine Grundidee hält sich durch: Die Herrschaft von Menschen, die als gleich frei gelten, muss auf der Bürgertugend beruhen. Zu ihr gehört das, was wir heute als Solidarität bezeichnen würden. Die Bürgerinnen und Bürger müssen bereit sein, etwas zu opfern, und sei es ihr eigenes Leben. Damit die Menschen das Gemeinsame im Auge behalten, dürfen sie nicht durch übertriebenen Reichtum oder Luxus verdorben sein. Die Sitten müssen einfach sein, die Ablenkungen harmlos und gering. Montesquieu diagnostiziert in diesem Zusammenhang eine interessante Umlenkung libidinöser Energien und vergleicht die Situation demokratischer Bürger mit der von Mönchen. Die Mönche lieben ihren Orden, weil er ihnen das Dasein schwermacht. Je tiefer und strenger das reglementierte Leben die natürlichen Neigungen beschneidet, umso mehr Stärke verleiht es den wenigen Neigungen, die es noch zulässt.

Auf das »neo-republikanische« Verständnis von Freiheit sind wir bereits eingegangen (siehe oben § 57). Es ist bloß noch darauf hinzuweisen, dass in unserer heute gängigen Vorstellung von der demokratischen Republik etwas bewahrt worden ist, das seit der Antike eine bedeutende Rolle gespielt hat: Der Volkswille reicht zur Legitimation von Herrschaft nicht hin. Er ist nur dann legitim, wenn er sich als vernünftig darstellt. In dieser Vernünftigkeitsforderung hält sich ein aristokratisches Element »aufgehoben« durch. Dass wir mit dem »Populismus« ein Problem haben, belegt *auch* das Fortwirken der republikanischen Tradition.

XII. Der Staat

§ 92. Monotheismus

Der moderne Staat entstand in Europa in einer Situation, in der die Republik bereits zu einem Sonderfall geworden war und der Republikanismus nicht mehr die bevorzugte Sprache darstellte, um existierende Herrschaftsgebilde zu verstehen. Die feudale Herrschaft beruhte auf Kompromissen zwischen einem Monarchen und den Ständen. Die Legitimität von Herrschaft wurde religiös reflektiert.

Mit der Entstehung des modernen Staates entfällt eine Voraussetzung, die auch für die Polis gegeben war, ohne deswegen von herausragender Bedeutung gewesen zu sein. Es ist dies die gemeinsame Religion. Auf den französischen Historiker Numa Denis Fustel de Coulanges (1830–1889) geht die These zurück, wonach die Polis auf einem gemeinsamen Kult beruht, der die familiären Götter übergreift und auch überlagert.

Allerdings wird die Religion in der gedanklichen Reflexion der Polis nicht als fundamental erfahren. Sie ist zum einen so grundlegend, dass sie nicht einmal zum Problem gemacht wird; zum anderen ist sie polytheistisch verfasst und insofern nicht der Anknüpfungspunkt für einen unbedingten und ausschließenden Gehorsamsanspruch.

Zu einem massiven Problem wird die Religion erst in monotheistischer Gestalt. Die monotheistische Religion erhebt einen Wahrheitsanspruch. Es gibt nur einen, der wirklich Gott ist. Mit der Verehrung des wahren Gottes ist die Verehrung anderer Götter unvereinbar. Sie existieren nur zum Schein. Ein auf sie bezogener Kult beruht auf einem Irrtum. Der Monotheismus muss auf die Wahrheit achten. Er muss sich selbst von Häretikern säubern. Wenn Jan Assmann (*1938) recht hat, dann betrifft die monotheistische Gewaltbereitschaft zunächst einmal die Abweichler in den eigenen Reihen. Wenn Gesellschaften auf der Einheit der Religion beruhen, ist die Verfolgung von Ketzern ein normales Geschäft. Das geht so lange gut, bis die Anzahl und Stärke der Häretiker so groß ist, dass ein Bürgerkrieg unvermeidlich wird.

§ 93. Säkularisierung

Historisch verbinden wir den Aufstieg des Souveränitätsgedankens mit der Antwort auf das Problem, das durch religiöse Bürgerkriege in Europa entstanden ist. Der Autorität, die ein friedliches Zusammenleben ermöglicht, musste eine andere Grundlage verschafft werden als die gemeinsame Religion. Man begegnet diesem grundlegenden Wandel in den Werken von Jean Bodin (1530–1596) und Thomas Hobbes.

Bodins Denken ist im Umkreis einer lose verbundenen Gruppe von Rechtsgelehrten zu sehen, die man als »Politiques« bezeichnet. Michel de L'Hôpital (1507–1573), der ein weiteres prominentes Mitglied der Truppe war, wird als einer der Ersten vom »Staat« sprechen und damit nicht den Zustand oder die Zusammensetzung derer meinen, die politisch von Wichtigkeit sind, sondern die organisierte königliche Herrschaft. Den Politiques war es ein Anliegen, die religiöse Wahrheitsfrage von der Politik zu trennen. Der durch den König zu garantierende äußere Friede und die Sicherheit werden als Güter verstanden, die von der religiösen Wahrheit unabhängig und dieser prinzipiell vorgeordnet sind. Damit wird der eigentliche Schritt zur Säkularisierung von Herrschaft vollzogen. Dass es den souveränen Herrschern freigestellt sein soll, aus Ordnungsgründen eine Religion vorzuschreiben, bestätigt das nicht-religiöse Fundament der Autorität des Staates. Um des Friedens willen, darf es die Staatsreligion geben. Das wird nicht gleich klar gesehen. Hobbes beeilte sich noch herauszustellen, dass der souveräne Staat und das Christentum miteinander vereinbar seien. Weder das Evangelium noch göttliche Gebote sprächen gegen die absolute Macht des Souveräns und die dieser Macht komplementäre Gehorsamspflicht der Untertanen.

§ 94. Die Zurückweisung des Republikanismus

Aus republikanischer Sicht ist der moderne Staat ein despotisches Instrument. Die Entscheider ordnen an. Die Subjekte müssen gehorchen. Vom Ansatz her unterscheidet sich die Herrschaft über Menschen nicht von der über Sklaven.

Die scharfsinnigste rationale Begründung der modernen Staatsgewalt findet man bei Hobbes (siehe dazu oben § 33). Die Ziele werden banausenhaft. An die Stelle des edlen Lebens treten das Überleben und das private Glück. Von der Bürgertugend ist keine Rede mehr. Die Unterscheidung von Staatsformen gemessen an ihrem Gelingen oder Misslingen wird obsolet. Hobbes hält trocken fest, dass, wer unter einer Monarchie unzufrieden sei, diese als »Tyrannis« bezeichne. Es handelt sich also um reine Polemik. Aus Effektivitätsgründen bevorzugt Hobbes, anders als etwa Spinoza, einen monokratischen Souverän. Das Regieren wird verankert in der Formulierung eines Willens, den sich alle als ihren Willen zurechnen lassen müssen. Die Menschen sind Untertanen. Ob zwischen ihnen »Freundschaft« besteht, ist unerheblich. Der Staat ist bloß dazu da, die Feindschaft zu überwinden. Er ist ein Instrument, den Bürgerkrieg zu beenden oder zu verhindern. Die Idee der Republik gehört nach Hobbes nicht zum Repertoire souveräner Staatlichkeit. Im Gegenteil, er hält sie für gefährlich:

> [...] [D]urch die Lektüre dieser griechischen und lateinischen Autoren bekunden die Menschen von Kindheit an (unter einem falschen Eindruck von Freiheit) ein gewohnheitsmäßiges Wohlwollen für Aufruhr und ungehörige Prüfung der Handlungen ihrer Souveräne und wieder für die Prüfung der Prüfer, und das mit so viel Blutvergießen, dass ich wohl mit Recht sagen kann, nie wurde etwas so teuer erkauft, wie diese westlichen Länder die Kenntnis der griechischen und lateinischen Sprache erkauft haben. (*Leviathan*, XXI, S. 182-3)

§ 95. Souveränität

Die Souveränität ist die höchste Befehlsgewalt. Souverän ist der Befehlende, dem niemand anderer befiehlt und der nur Gott für sein Tun verantwortlich ist.

Die Souveränität ist eine Einheit und unteilbar. Sie ist keine bloße Zusammenfassung vereinzelter Herrschaftsbefugnisse. Sie ist vielmehr die Quelle aller einzelnen Herrschaftsrechte. Innerhalb eines geschlossenen Herrschaftsbereichs kann nur eine Instanz souverän sein. Man kann sie nicht aufteilen auf mehrere unabhängige Träger. Die Befehlsbefugnis des Souveräns kann nicht durch einen anderen Imperator extern eingeschränkt werden. Insofern kann man die Souveränität rechtlich als die Befugnis charakterisieren, die eigene Befugnis zu bestimmen. Ihr rechtlicher Kern ist die »Kompetenzkompetenz« (siehe dazu auch § 34).

Die Souveränität ist territorial gedacht. Wie der Staatsrechtler Dieter Grimm treffend festhält, wird die Koexistenz verschiedener Höchster, die einen Exklusivitätsanspruch erheben, durch die territoriale Begrenzung der Souveränität ermöglicht. Das Territorium ist der gedankliche Spiegel der umfassenden Kompetenz. Es symbolisiert das Fehlen einer sachlichen Einschränkung. Es führt uns die Unendlichkeit der Herrschaftsbefugnis in Raum und Zeit vor Augen.

Die Souveränität ist nichts Faktisches. Sie setzt aber Faktisches voraus. Zur Begründung des Herrschaftsanspruchs ist eine unwiderstehliche Durchsetzungsmacht vorausgesetzt. Sie steht allerdings auf einer normativen Grundlage, und sei diese bloß ein fiktiver Gesellschafts- oder Herrschaftsvertrag (siehe oben § 31–§ 35), der die Autorität begründet, Anordnungen zu erlassen.

Der souveräne Machthaber bildet einen Willen. Herrschaft manifestiert sich im Anordnen und nicht im Erziehen (zu dem auch das Regiertwerden gehört). In diesem Willen und an seinen Entscheidungen findet die Verrechtlichtung von Herrschaft ihren Ansatzpunkt.

Die Souveränität ist an sich, wie man sagen kann, gouvernmental indifferent. Es ist egal, ob das Attribut einem monarchischen, demokratischen oder aristokratischen Souverän zukommt. Es ist sogar möglich, die Souveränität dem Volk zuzuschreiben, die Regierung hingegen einem Monarchen zu übertragen. Seit Bodin wird diese Möglichkeit mitbedacht. Bei Hobbes findet man die Vorstellung vom »schlafenden Souverän«, der einen Agenten für sich arbeiten lässt. Diese Vorstellung war, wie der politische Ideengeschichtler Richard Tuck hervorgehoben hat, nicht unerheblich für die Ausbildung der modernen Volkssouveränität.

Nicht zufällig entwächst dem Souveränitätsdenken die Vorstellung von einer verfassungsgebenden Gewalt. Wir verdanken diesen Begriff Abbé (Emmanuel Joseph) Sieyès (1748–1836), dem wohl bedeutendsten Verfassungstheoretiker der Französischen Revolution. Seiner Auffassung nach ist die Nation als die Assoziation aller Bürger der Ursprung der Verfassung.

§ 96. Liberalismus

Im Verhältnis zum Souverän wird der Anspruch auf Freiheit neu artikuliert. Es geht nicht mehr – wie bei Aristoteles – um das spontane und gemeinsam realisierte Lebenkönnen nach eigenem Belieben. Nunmehr kommt es darauf an, von Eingriffen seitens der souveränen Gewalt verschont zu bleiben. Die Freiheit erhält ein Gegenüber. Im anordnenden Staat findet sie ihren Gegner. Mit der Souveränität wird der Liberalismus möglich. Die Freiheit kann ins Private auswandern. Unter dem Vorzeichen der Souveränität gibt es die Freiheit in der Sphäre, aus der sich der Staat zurückgezogen hat oder in die er noch nicht vorgedrungen ist.

Eine gewisse Freiheit von staatlichen Eingriffen zu gewähren ist bei Hobbes noch eine Frage der klugen Führung der Regierungsgeschäfte. Es bedarf aber bloß eines kleinen gedanklichen Schritts, um von der Freiheit qua Freiheit von Eingriffen zum Rechtsstaat zu gelangen. Wenn der Staat schon eingreifen zu müssen vermeint, dann soll er das aufgrund und nach Maßgabe eines Gesetzes tun. So viel Rücksicht sollte er auf das individuelle Planen nehmen. Um seine privaten Angelegenheiten rational führen zu können, muss vorhersehbar sein, unter welchen Umständen man mit einer Intervention seitens des Staates zu rechnen hat. Die moderne Freiheit will den Rechtsstaat. Wie Georg Jellinek denkwürdig festhielt, garantiert die Gesetzesbindung »die Freiheit von gesetzwidrigem Zwang« (siehe oben § 57).

Das moderne Verfassungsrecht ist als Verrechtlichung der souveränen Gewalt zu begreifen. Auch das wird letztlich bei Jellinek deutlich ausformuliert. Seines Erachtens entspringt das Recht der Selbstverpflichtung des Souveräns. Durch eine solche Selbstfesselung legitimiert sich die Staatsgewalt.

Durch die Begrenzung seiner Gewalt legitimiert das Verfassungsrecht den Staat. Seine verschiedenen Gewalten sind Ausfluss einer souveränen Gewalt und bloß deren funktionale Spezifikation. Sie sind nicht mit den spezifischen Tugenden der Teilnehmer an einer gemischten Verfassung verbunden. Womit das Verfassungsrecht zu rechnen hat, sind ihre Eigeninteressen verfolgende Akteure. Von der Theorie der gemischten Verfassung bleibt nun bloß die Idee des Gleichgewichts durch wechselseitiges In-Schach-Halten.

Gegenüber dem modernen Staat als »power container« lassen sich Rechte artikulieren. Dies sind die Grund- und Freiheitsrechte, die »Rights of Man« (siehe dazu § 36).

§ 97. Der demokratische Souverän

Nach Hobbes ist man als Untertan insofern selbstbestimmt, als man den Souverän dazu ermächtigt, im Namen von einem selbst Befehle zu geben: *Volenti non fit iniuria.*

Diese Ansicht beruht auf einem perfiden Formalismus. Die Generalvollmacht ist unbegrenzt. Man muss sich alles zurechnen lassen. Weder gibt es Vetobefugnisse noch den Widerruf der Ermächtigung. Den Subjekten wird zugemutet, aus Furcht einen fremden Willen als ihren eigenen anzuerkennen. Die vorgebliche Selbstbestimmung beruht auf dem Zwang der Verhältnisse im Naturzustand.

Das begriffliche Korsett des Souveränitätsgedankens macht es allerdings erforderlich, jene Freiheit, die zur Willkürfreiheit in der staatsfreien Sphäre hinzutreten kann, als Autonomie zu denken. Relevant ist der Wille, dem man unterworfen ist. Frei ist man im Wollen nur, wenn man seinem eigenen Willen gehorcht. Die Autonomie, die hinter den Anordnungen des Souveräns steht, kann aber bloß eine gemeinsame sein. Jede Freiheit, die über die negative Freiheit hinausgeht, welche man in der staatsfreien Sphäre genießt, muss also durch kollektive Selbstbestimmung vermittelt sein. Kollektive Selbstbestimmung bedeutet, sich zu etwas zu bestimmen, indem man sich als Teil eines Kollektivs versteht.

Das Verständnis von politischer Freiheit verändert sich damit radikal. An die Stelle des republikanischen »Reihendienstes« tritt eine gemeinsame Willensbildung. Auf den Inhalt dieses Willens kommt es entscheidend an. Was vordem an praktischer Vernunft in einer habitualisierten Regierungs- und Lebenspraxis verkörpert war, muss nun in der Qualität dieses Willens selbst liegen. Die Vernunft, die durch Tugenden vermittelt und im Gehabe der Bürger ganz konkret war, verdünnt sich auf eine inhaltliche Anforderung an die Gesetzgebung. Das Gesetz wird zum Dreh- und Angelpunkt der Legitimität.

§ 98. Spinoza

Der Erste, der einen demokratischen Souverän für notwendig gehalten hat, war Baruch Spinoza (1632–1677). Das behauptet er im *Theologisch-Politischen Traktat*. Das Werk war zu seiner Zeit heftig umstritten, nicht zuletzt weil er darin die historischen Grundlagen des Judentums nachhaltig infrage gestellt hatte.

Zur Demokratie gelangt Spinoza auf ganz geradem Weg:

[...][E]s braucht eben nur jeder die ganze Macht, die er besitzt, auf die Gesellschaft zu übertragen, die damit das höchste Recht der Natur auf alles hat. [...] Das Recht einer derartigen Gesellschaft heißt Demokratie; sie demnach zu definieren als eine allgemeine Vereinigung von Menschen, die in ihrer Gesamtheit das höchste Recht zu allem hat, was sie vermag. Daraus folgt, dass die höchste Gewalt an kein Gesetz gebunden ist, dass ihr vielmehr alle in jeder Beziehung zu gehorchen haben. (*Tractatus Theologico-Politicus*, hsrg. G. Gawlick & F. Niewöhner, Darmstadt 1979, 477–479)

Spinoza erläutert, weshalb es richtig ist, sich für einen demokratischen Souverän zu entscheiden. Demokratien könnten die Ordnung besser sichern. Anders als despotische Gewaltherrschaften rufen sie keinen Widerstand hervor. Auch seien Widersinnigkeiten in der Gesetzgebung wenig wahrscheinlich und es sei davon auszugehen, dass zum Nutzen der Regierenden regiert werde. Spinoza unterstreicht aber auch die Autonomie (ebd., 483):

Denn bei [der Demokratie, A.S.] überträgt niemand sein Recht derart auf die anderen, dass er selbst nicht mehr zu Rate gezogen wird; vielmehr überträgt er es auf die Mehrheit der gesamten Gesellschaft, von der er selbst ein Teil ist. Auf diese Weise bleiben alle gleich, wie sie es vorher im Naturzustand waren.

Die Mehrheit vertritt die Gesamtheit. Das ist der Grundgedanke. Sich der Mehrheit zu fügen ist mit der Gleichheit konsistent, weil man solcherart nicht das Vorrecht der besseren Einsicht für sich reklamiert.

Die Sache lässt sich auch anders ausdrücken: Man ist selbstbestimmt, insofern man sich als ein Gesellschaftsmitglied versteht und den Willen der Mehrheit gegen sich gelten lässt, weil nur auf diese Weise die Gesellschaft zur Willensbildung fähig ist. In der Mehrheit spricht sich mein Wollen aus, insofern ich zur Gesellschaft gehören will.

§ 99. Rousseau

Das bedeutendste Werk, das die Volkssouveränität mit der republikanischen Tradition verbindet, ist Rousseaus *Vom Gesellschaftsvertrag*.

Die Abkunft seines Denkens aus dem Republikanismus ist offenkundig. Sie manifestiert sich in der Lobpreisung der Hingabe an öffentliche Angelegenheiten, der Forderung nach annähender ökonomischer Gleichheit oder dem Insistieren auf einem kleinen Gemeinwesen. Wichtiger ist allerdings der radikale, ins Emanzipative gesteigerte Zugang. Um selbstbestimmt leben zu können, muss jeder sich selbst und seine ursprünglichen Rechte an das Gemeinwesen entäußern, um sich als Mitglied des Gemeinwesens zurückzuerhalten. Um nur sich selbst zu gehorchen, müssen die Menschen andere werden, als sie sind. Aus republikanischer Sicht ist diese Entäußerung nichts anderes als eine Chiffre für die Ausbildung der Bürgertugend.

Unter Bedingungen bourgeoiser Korruption des menschlichen Charakters ist dieser Schritt nur aufgrund eines Wunders möglich. Symbolisiert wird es bei Rousseau durch das Auftreten eines »Legislateur«. Die Aufgaben, die einem Gesetzgeber als Gründer der Republik übertragen sind, sind von nachgerade übernatürlicher Qualität:

> Wer es wagt, einem Volk eine Verfassung zu geben, muss auch wagen, sozusagen die menschliche Natur umzuwandeln. Jeden einzelnen, der ein in sich vollkommenes und selbständiges Ganzes ist, in einen Teil eines größeren Ganzen umzuformen [...]. Eine anteilige und moralische Existenz an die Stelle einer physischen und unabhängigen Existenz zu setzen [...]. [E]r muss dem Menschen seine eigenen Kräfte nehmen, um ihm andere zu geben, die ihm fremd sind und die er, ohne den Beistand der anderen, nicht zu nutzen versteht. (*Politische Schriften*, Bd. 1, übers. v. L. Schmidts, Paderborn 1977, 100)

Nach dieser Wiedergeburt erwartet die Menschen ein Lohn, der unermesslich ist. Sie werden, um mit Marx zu sprechen, einsehen, dass ihre Kräfte immer schon gesellschaftliche Kräfte sind. Sie verstehen und realisieren, abermals auf Marx vorausblickend gesprochen, ihr »Gattungswesen« (ebd., 2.7, S. 101):

> Wenn jeder Bürger nur durch alle anderen etwas ist und etwas kann und wenn die erworbenen Kräfte des Ganzen der Summe der naturgegebenen Kräfte aller Individuen gleich ist oder sie übertreffen, dann kann man sagen, dass die Gesetzgebung auf dem höchsten Gipfel der Vollkommenheit steht, den sie erreichen kann.

Die Souveränität des solcherart organisch integrierten Volkes äußert sich in der Gesetzgebung. Die individuelle Teilnahme daran ist unveräußerlich und unvertretbar (3.15, S. 158):

> Jedes Gesetz, das das Volk nicht bestätigt hat, ist null und nichtig; es ist kein Gesetz. Das englische Volk glaubt frei zu sein. Es täuscht sich sehr. Es ist nur während der Wahl der Parlamentsmitglieder frei. Sobald sie gewählt sind, ist es Sklave: es ist nichts.

Also lässt sich die Freiheit nur durch direkte Partizipation am Gemeinwesen realisieren. Auch kennt die kollektiv vermittelte Selbstbestimmung, weil sie mit der Souveränität zusammenfällt, keine Grenzen. Natürliche Rechte im Locke'schen Sinne können gegen die Gesetzgebung nicht geltend gemacht werden. Die gemeinsame Gesetzgebung ist die Quelle aller »wahren« Freiheit. Sie ist es auch in dem Sinne, als sich Bürger, die in Abstimmungen unterliegen, über den Gemeinwillen geirrt haben, und durch den Gehorsam gegenüber dem Gesetz zur Freiheit gezwungen werden.

§ 100. Der Gemeinwille (*volonté générale*)

Was unter dem Gemeinwillen, der sich in der Gesetzgebung ausspricht, zu verstehen ist, erschließt sich nicht gleich. Das liegt daran, dass Rousseau implizit mit drei unterschiedlichen Konzeptionen arbeitet, die allesamt mit Problemen behaftet sind.

Erstens ist der Gemeinwille so etwas wie die Mitte zwischen extremen Einzelwillen und erinnert insofern an einen Kompromiss. Wenn man vom Willen aller Einzelnen die Extreme abziehe, die sich gegenseitig aufheben, bleibe »[...] als Summe der Differenzen der Gemeinwille übrig [...]« (ebd., 2.3., S. 88). Das dürfte nun in der Tat mit dem koinzidieren, was Hans Kelsen (1881–1973) unter einem Kompromiss verstanden hat:

> Kompromiss bedeutet: Zurückstellen dessen, was die zu Verbindenden trennt, zugunsten dessen, was sie verbindet. Jeder Tausch, jeder Vertrag ist ein Kompromiss; denn Kompromiss bedeutet: sich vertragen. (*Demokratie und Sozialismus*, hrsg. v. N. Leser, Wien 1967, 35)

Zweitens ist der Gemeinwille etwas, das schon vorhanden ist. Er steht für so was wie die sittliche Substanz, ein unumstößliches Einverständnis, ein festes Wissen von dem, was Recht ist. Man mag davon ausgehen, dass eine typische Österreicherin es befremdlich findet, wenn Frauen eine Burka tragen. Um unter diesem Vorzeichen herauszufinden, was der Gemeinwille ist, muss man sich zum Zweck der Stimmabgabe in die Position eines typischen Gemeinschaftsmitglieds versetzen. Will »die« Österreicherin – will »der« Österreicher – Frauen in Burkas sehen? Wohl nicht. Darüber braucht man auch nicht weiter zu diskutieren. Es ist so. Wer liberal ist und gegen ein Verbot der weiblichen Totalverhüllung eintritt, der irrt sich demnach über den Gemeinwillen.

Drittens ist der Gemeinwille der verallgemeinerungsfähige Wille. Er spricht sich in Regeln aus, vermöge derer jede Einzelne anderen nur solche Opfer abverlangen würde, die sie selbst erbringen würde. Wenn man sich klarmachen will, was damit gemeint ist, konsultiert man am besten eine Gerechtigkeitstheorie Rawls'scher Provenienz (siehe oben § 72).

Das erste Verständnis ist zu breit. Jeder »faule« Kompromiss passt da hinein. Zwar wehrt sich Rousseau gegen die Identifikation der *volonté générale* mit der *volonté de tous*, aber wirklich klar wird es nicht, welchen Kriterien Kompromisse zu genügen haben, um an den Gemeinwillen heranzureichen.

Das zweite Verständnis scheint akkurat zu sein, insofern es den individuellen Privatwillen ausschließt und das typische, gute Gemeinschaftsmitglied in den Mittelpunkt stellt. Dennoch ist es geradezu monströs. Der Gemeinwille wird zum Ergebnis des Mutmaßens darüber, was das typische Gesellschaftsmitglied will. Die Konstruktion der Sichtweise einer solchen Person entspringt einer interpretativen Anstrengung, über die alles andere als Einverständnis bestehen muss. Eine fragwürdige Interpretation wird als soziale Tatsache ausgegeben und aus dieser eine normative Forderung abgeleitet. Populisten arbeiten gern mit diesem Trick.

Aber auch das dritte Verständnis ist mit Problemen behaftet. Einerseits motiviert es aufgrund der formalen Charakterisierung des Gemeinwillens zum moralischen Rückzug aus der Wirklichkeit, denn es ist schwer zu sehen, was an einen idealen Gemeinwillen herankommen könnte; andererseits motiviert es zur Vergeistigung. Die Letztere ist in der deutschen Philosophie vollzogen worden. Immanuel Kant (1724–1804) hat Rousseaus Idee umgeformt in das Prinzip des synthetisch vereinigten Volkswillens, das zum Probierstein aller rechtmäßigen Gesetzgebung taugen soll. Es handelt sich um ein bloß hypothetisches Prinzip, an dem sich auch ein Monarch orientieren könnte. Aus dem Republikanismus wird damit endgültig die Luft rausgelassen. Die Vergeistigung führt schnurstracks in die Virtualisierung.

§ 101. Die ausgedehnte Republik

Eine andere Synthese von Republikanismus und Souveränität ist denkbar. Sie setzt nicht einen homogen vorgestellten Gemeinwillen voraus und weist insofern dessen zweite Lesart zurück. Gleichwohl ist sie mit den beiden anderen Verständnissen verwandt und erblickt in der demokratischen Willens*bildung* eine konstruktive Leistung.

Diese andere Synthese verbinden wir mit dem Pseudonym Publius. Es ist der Name, mit dem die Autoren der sogenannten »Federalist Papers« unterzeichneten und mit dem sie an den römischen Konsul Publius Valerius Publicola erinnern wollten. Diese »Papers«, später zu dem Buch *The Federalist* zusammengefasst, wurden zum Zweck der Verteidigung des Entwurfs der amerikanischen Bundesverfassung geschrieben. Die Autoren sind Alexander Hamilton (1757–1804), James Madison (1751–1836) und John Jay (1757–1829). In unserem Zusammenhang sind die von Madison verfassten Texte von Interesse.

Mit der Volkssouveränität wird aus der Demokratie, die von der Antike bis ins 18. Jahrhundert als eine schlechte Form der Verfassung galt, eine respektable Staatsform. Ausschlaggebend dafür war, dass man sie unter der Hand an die Republik assimilierte. Diese Assimilation wird unter anderem dadurch vollzogen, dass man das Problem der »Tyrannei der Mehrheit« ins Auge fasst. Es ist dies das Nachfolgeproblem der Demokratie qua Ochlokratie (Pöbelherrschaft). Die moderne Demokratie muss so konstruiert sein, dass sie diese Tyrannei verhindert (und insofern eine Republik sein). Der französische Gelehrte Alexis de Tocqueville (1805–1869) hat im Anschluss an Madison vor der

Gefahr, die in der amerikanischen Demokratie auftritt, einigermaßen drastisch gewarnt:

> Was ist denn die Mehrheit im Gesamten genommen anderes als ein Einzelner, dessen Meinungen, und in den meisten Fällen dessen Vorurteile einem anderen entgegenstehen, den man Minderheit nennt? Wenn nun ein Mann, der über Allmacht verfügt, sie zugegebenermaßen wider seine Feinde missbrauchen kann, warum soll das gleiche nicht für eine Mehrheit gelten können? Haben die Menschen durch ihren Zusammenschluss ihre Wesensart geändert? (*Über die Demokratie in Amerika*, übers. v. H. Zbinden, 2. Aufl., München 1984, 289–290)

Im berühmten zehnten Kapitel des *Federalist* beschäftigt sich Madison mit dem Problem der Interessengruppen (der *factions*). Solche Gruppen können in der Minderheit sein oder sogar die Mehrheit stellen. Sie zeichneten sich jedenfalls dadurch aus, ein Sonderinteresse derart zu verfolgen, dass es den Rechten anderer Bürgerinnen oder dem Gemeinwohl schade. Dort, wo das Volk direkten Einfluss auf die Regierung habe, sei die Macht solcher Sonderinteressen besonders groß. Sie könnten die Mehrheit ausmachen.

Nach Madison kann das Problem der Interessengruppen entweder an der Wurzel beseitigt oder aber hinsichtlich seiner Folgen bewältigt werden. Um die Ursachen zu eliminieren, müsste entweder die Assoziationsfreiheit abgeschafft oder für vollständige soziale Homogenität gesorgt werden. Beides auch bloß zu versuchen hätte schlimmere Folgen als die Präsenz von Interessengruppen in der Demokratie. Es gäbe keine Freiheit mehr. Also müsse jede Demokratie mit den Folgen des Interessenpluralismus fertigwerden. Die Voraussetzung dafür seien die demokratische Repräsentation einerseits und die hinreichende Ausdehnung der »extended republic« andererseits.

Allein der Umstand, dass Repräsentanten das demokratische Ausleseverfahren erfolgreich überstehen müssen, biete eine gewisse Gewähr dafür, dass Menschen mit hinreichendem Wissen und entsprechender Intelligenz einer beratenden (deliberativen) Versammlung angehören würden, in deren Medium sich die politischen Meinungen durch Debatten verfeinern lassen. Die Qualität der Beratungen sei höher in der repräsentativen Demokratie, weil Menschen an ihnen partizipieren, die sich bereits bewährt haben und über Erfahrung im Umgang mit Andersdenkenden verfügen.

Allerdings sei diese Bedingung zu ergänzen durch die hinreichende Größe der Republik. Nur so könne man ausschließen, dass die Vertreter robuster lokaler Sonderinteressen politischen Einfluss gewönnen. Denn sie fänden sich entmachtet, wenn es ihnen immer wieder misslänge, Koalitionen in der repräsentativen Versammlung zu knüpfen. In der »extended republic« werde dies dadurch erschwert, dass die lokalen Interessen unterschiedlich sind. Den Interessengruppen müsse es daher schwerfallen, Allianzen mit anderen zu schließen. Es bestehe somit Grund zur Hoffnung, dass sich angesichts der Heterogenität der Sonderinteressen alle Parteiungen neutralisieren und abschleifen werden:

> Extend the sphere, and you take in a greater variety of parties and interests; you make it less probable that a majority of the whole will have a common motive to invade the rights of other citizens; or if such a common motive exists, it will be more difficult for all who feel it to discover their own strength, and to act in unison with each other. (*The Federalist*, ed. C. Sunstein, Cambridge, Mass. 2009, Nr. 10, S. 61)

Madison hofft, dass unter diesen Bedingungen sich jene Ansichten durchsetzen werden, die nicht lokale oder sektorale Sonderinteressen bevorzugen, sondern auf das Wohl der gesamten Gesellschaft abzielen. Diese Idee erinnert nun in der Tat an Rousseaus erste und dritte Lesart des Gemeinwillens. In einer gelingenden Demokratie geht es nicht um die Abbildung eines vorgebildeten Volkswillens, sondern um die möglichst unparteiliche Berücksichtigung aller Interessen. Repräsentative Institutionen sind ein Mittel, das zu bewirken.

John Stuart Mill (1806–1873) unterscheidet in diesem Zusammenhang zwischen den beiden Hauptfunktionen von Repräsentativkörperschaften. Die eine besteht darin, die Regierung zu kontrollieren, die andere in der Repräsentation unterschiedlichster Sichtweisen. Diese sollen durch kontroverse Diskussionen deutlicher werden, ihr Profil verschärfen und eine Chance haben, sich durchzusetzen:

> [...] [E]very person in the country may count upon finding somebody who speaks his mind as well or better than he could speak it himself – not to friends and partisans exclusively, but in the face of opponents, to be tested by adverse controversy[.] (*Considerations on Representative Government* (1861), Buffalo 1991, 116)

Die Repräsentativverfassung, in deren Zentrum eine parlamentarische Versammlung steht, darf allerdings nicht im Verhältnis zu ihrem gesellschaftlichen Kontext isoliert werden. Ihre Tätigkeit muss von einer zivilgesellschaftlichen Öffentlichkeit kritisch beobachtet und kommentiert werden. Die repräsentative Demokratie soll zu vernünftigeren Ergebnissen führen als die Herrschaft mit unmittelbarem Volksentscheid. Diese Aufgabe kann sie aber nur erfüllen, wenn sie sich nicht abschirmt gegenüber den Impulsen, die von der eher anarchisch verfassten Öffentlichkeit ausgehen. Zur Zivilgesellschaft gehören nicht nur die Medien und soziale Netzwerke, sondern vor allem auch Nichtregierungsorganisationen, die sich besonderer Anliegen wie dem

Menschenrechtsschutz, der Erhaltung der Biosphäre oder dem Tierschutz annehmen.

Nach dem deutschen Philosophen Jürgen Habermas (*1929) funktioniert der ideale »Machtkreislauf« in der Demokratie derart, dass politische Impulse in der Zivilgesellschaft ihren Ursprung nehmen und von dort aus die Politik repräsentativer Körperschaften beeinflussen. Nach Habermas entsteht aus der Öffentlichkeit »kommunikative Macht«. Sie stellt sich ein aufgrund von Verständigungsprozessen, die keinen bestimmten Autor haben. In ihr übersetzt sich die Überzeugung von der moralischen Richtigkeit einer Sache in die Motivation, dieser Überzeugung gemäß zu handeln.

Habermas' Vorstellung von kommunikativer Macht ist das letzte Refugium der Bürgertugend.

§ 102. Transformationen

Mit der Entstehung der repräsentativen Demokratie werden Elemente des Republikanismus in das Souveränitätsdenken integriert und dabei auch transformiert. Diese Transformationen betreffen die Egalisierung des Teilnahmeanspruchs, das Aufgehen der heterogenen Bestandteile der Mischverfassung in funktional spezifizierten Gewalten und die Reduktion von Verfassungsfragen auf Rechtsfragen.

Die drei von Aristoteles identifizierten Ansprüche auf Herrschaft – Freiheit, Reichtum und Tugend – reduzieren sich auf einen: die Freiheit. Gleichzeitig nimmt der Pluralismus drastisch zu:

> A landed interest, a manufacturing interest, a mercantile interest, a moneyed interest, with many lesser interests, grow up of necessity in civilized nations, and divide them into different classes, actuated by different

sentiments and views. The regulation of these various and interfering interests forms the principal task of modern legislation, and involves the spirit of party and faction in the necessary and ordinary operation of the government. (*Federalist*, ebd., 55)

Vom gesamten System wird erwartet, einen unparteilichen Interessenausgleich zu gewährleisten. Die Dominanz von Sonderinteressen soll durch verschiedene Mechanismen und Vorkehrungen vermieden werden. Im entscheidenden Moment sollen sich Repräsentanten durchsetzen können, die keinen besonderen Interessen verpflichtet sind. Druck und Gegendruck ebnen solcherart den Weg zum Gemeinwohl.

Druck und Gegendruck sind die Garanten für die Einhaltung der Verfassung und für die Freiheit, welche die Menschen in der staatsfreien Sphäre genießen. Die Vermeidung von Machtkonzentration als Voraussetzung individueller Freiheit ist ein wichtiges Ziel der Gewaltenteilung (Madison beruft sich auf Montesquieu). Keine Gewalt wird sich auf Kosten der anderen ausdehnen und die Bürgerinnen und Bürger drangsalieren können, solange sie von den anderen daran gehindert wird.

Die Gewaltenteilung ist nach Madison aber auch der Schlüssel dafür, dass die verfassungsrechtlich festgelegten Organkompetenzen keine bloßen »parchment barriers« (ebd., 325) bleiben. Sie funktioniert, indem sie den persönlichen Ehrgeiz der Amtsträger mit der Selbstbehauptung der Staatsfunktion verkoppelt. Hier sind die berühmten Worte aus *Federalist* Nr. 51 (ebd., 341):

Ambition must be made to counteract ambition. The interest of the man must be connected with the constitutional rights of the place. [...] This policy of supplying, by opposite and rival interests, the defect of better motives, might be traced through the whole system of human affairs, private as well as public. We see it particularly displayed in all the subordinate distributions of power, where the constant aim is to divide and arrange the several offices in such a manner as that each may check on the other – that the private interest of every individual may be a sentinel over the public rights.

Die dahinterstehende psychologische Überlegung ist einfach und plausibel. Der Ehrgeiz eines Präsidenten etwa, seine Wichtigkeit unter Beweis zu stellen, kann bewirken, dass er genauer untersuchen lässt, ob einfache Bundesgesetze verfassungsmäßig zustande gekommen sind, bevor sie verlautbart werden.

Die Verfassung ist gleichwohl als eine oberste rechtliche Anordnung konzipiert. Madison sieht aber ganz richtig, dass die verfassungsrechtliche Legalität kraftlos bliebe, wenn sie nicht mit privaten Motiven verknüpft wäre, sie durchzusetzen oder zu beachten. Nun ist aber alles andere als ausgemacht, dass das Kräfteverhältnis, das sich aufgrund des Ringens um Macht und Prestige einstellt, zu einer Überlappung mit dem führt, was die verfassungsrechtliche Kompetenz wäre. Nicht nur werden alle Organe ihre eigenen Interpretationen der Verfassung entwickeln (sogenannter »departmentalism«), diese Interpretationen werden von ihren jeweiligen »ambitions« bestimmt sein. Welche Interpretation sich durchzusetzen vermag, ist keine Frage der Wahrheit, sondern eine Frage, welches Organ größere Macht hat oder über größere Unterstützung seitens anderer Organe verfügt.

Aber auch unabhängig von Interpretationskontroversen zeigt die Erfahrung, dass die »Realverfassung« immer anders aussieht als die »Formalverfassung«. Vertreter eines »politischen Konstitutionalismus« gehen davon aus, dass die Realverfassung die wirkliche Verfassung ist. Dafür spricht einiges, zumal auch mögliche gerichtliche Ausdeutungen der Verfassung an realen Machtverhältnissen ihre Grenzen finden und indirekt von ihnen bestimmt sind.

§ 103. Demokratie ohne Volkswille

Abgesehen von diesem elementaren Modell der repräsentativen Demokratie gibt es andere Möglichkeiten, demokratische Legitimität unabhängig vom Volkswillen zu konzipieren.

Mit den Madison'schen Ideen durchaus konsistent ist das Modell der deliberativen Demokratie. Demnach leitet sich die Legitimität demokratischer Entscheidungen aus der Qualität demokratischer Debatten ab. Diese Qualität ist zum einen durch die Inklusion aller von einer Entscheidung möglicherweise Betroffenen bedingt. Andererseits darf es den Beteiligten nicht um die Interessendurchsetzung gehen, sondern um die bestmögliche Rechtfertigung des Ergebnisses. Die Partizipanten müssen daher auch bereit sein, ihren eigenen Standpunkt zu revidieren. Im deliberativen Demokratieverständnis ist der Konsens der Idealfall der Willensbildung. Daran zeigt sich eine Assimilation des politischen Entscheidens an die Wahrheitsfindung, denn da es nur eine Wahrheit geben kann, müssen alle übereinstimmen, wenn diese gefunden worden ist. Die »circumstances of politics« (Waldron, siehe oben § 18) sind damit nicht der Ausgangspunkt dieses Modells.

Nicht weniger prominent als das deliberative Demokratiemodell ist das Modell der Elitenkonkurrenz. Es stammt von dem Nationalökonomen Joseph Alois Schumpeter (1883–1950) und beruht auf der Idee, das Verhalten wahlwerbender Gruppen nach dem Vorbild des wirtschaftlichen Konkurrenzverhaltens zu sehen. Die Parteiprogramme versprechen den Wählern Güter. Die Wähler entscheiden sich aufgrund ihrer Präferenzen wie Konsumenten für das eine oder andere Programm. Die Parteien funktionieren wie Unternehmen, die das Innehaben von Machtpositionen als ihre Profite betrachten. Das Gemeinwohl wird zum Äquivalent der Wohlfahrt der Konsumenten, die durch einen fairen Wettbewerb befördert wird.

So simpel die Analogie zwischen politischem und wirtschaftlichem Wettbewerb sich auch ausnehmen mag, so geeignet ist sie, die Realitäten und Strategien demokratischer Parteipolitik zu erhellen. Es erklärt auch, dass die politischen Programme an die Position der Menschen angepasst werden, die keine extremen Ansichten haben. Denn in der ideologischen Mitte sind die meisten Stimmen zu holen. Wenn die Mitte nach rechts rückt, dann rücken die politischen Parteien auch nach rechts.

§ 104. Individualismus

Unser Leben ist überwiegend von der Sorge um unser persönliches Fortkommen bestimmt. Wir wollen Karriere machen. Unser Einkommen und Ansehen bestimmen unser Selbstwertgefühl. Das Wohlergehen anderer geht uns dann zu Herzen, wenn wir uns mit ihnen verbunden fühlen. Wir sind bestrebt, das Beste aus uns zu machen. In der wenigen freien Zeit, die uns verbleibt, suchen wir Zerstreuung: Sport, Fitness, Religion, Film, Theater, Tanz, Spiele, Literatur, Musik, Sex. Für die fundierte Beschäftigung mit politischen Fragen bleibt kaum Zeit. Die Probleme sind ja oft technisch anspruchsvoll oder moralisch komplex. Wir mögen daher wenig Zuversicht haben, auf einen grünen Zweig zu kommen. Der Zugang zu Machtpositionen ist den meisten von uns verschlossen. Wir empfinden uns als ohnmächtig. Ab und zu lassen wir vielleicht in den sozialen Medien die Luft raus, aber wir tun das im geschützten Echoraum von Gleichgesinnten. In die von Madison und Mill bevorzugte kontroverse Deliberation treten wir nicht ein. Unsere politische Partizipation reduziert sich aufs Wählen.

Mit diesem Ungleichgewicht in unserem Leben müssen wir gedanklich fertigwerden. Wir versuchen es, indem wir uns als »Individualisten« verstehen. Wir reden uns ein, dass wir frei seien, uns auf uns selbst und unsere Nahebeziehungen zu konzentrieren.

Tocqueville war der Erste, der versucht hat, diesem Phänomen auf den Grund zu gehen. Hier ist Tocquevilles Charakterisierung des Individualismus:

> Der Individualismus ist ein überlegendes und friedfertiges Gefühl, das jeden Bürger drängt, sich von der Masse der Mitmenschen fernzuhalten und sich mit seiner Familie und seinen Freunden abzusondern; nachdem er sich eine kleine Gesellschaft für seinen Bedarf geschaffen hat, überlässt er die große Gesellschaft gern sich selbst. (*Demokratie in Amerika*, 585)

Der Individualismus trocknet »den Quell der öffentlichen Tugenden« aus. Individualisten sind nämlich gern dazu bereit, das Management öffentlicher Angelegenheiten politischen oder administrativen Spezialisten zu überlassen. Dahinter steht etwas, das bei Tocqueville nur angedeutet wird, aber treffend als Verdinglichung des Sozialen zu bezeichnen ist. Unser soziales Zusammenwirken gilt uns als von komplexen systemischen Mechanismen bestimmt, die einer gemeinsamen Kontrolle oder Umgestaltung entzogen sind. Aus dieser individualistischen Sicht reduziert sich die Politik auf das Risikomanagement (die Risiken von Atomunfällen, Krebserkrankungen, Klimaveränderungen etc.) und die Krisenintervention (in die Finanzkrise, die Eurokrise, die Budgetkrise, die Pensionskrise, die Flüchtlingskrise, die Vogelgrippenkrise).

Unter dieser Betrachtungsweise gilt es auch als normal und wünschenswert, dass das Management und die Interventionen von den Institutionen durchgeführt werden, die über die Kapazität verfügen, die Krise zu meistern. Verfassungsrechtlich festgelegte Kompetenzen oder völkerrechtliche Normen sind sekundär. Unsere gegenwärtige Situation ist daher nicht nur von der

Wehklage über die verlorene soziale Gerechtigkeit bestimmt; sie wird ergänzt durch das Lamento über die Erosion der Rechtsstaatlichkeit.

Tocqueville war hellsichtig genug, um uns zu erinnern, dass diese Situation *auch* unser Werk ist. Sie ist das Produkt unseres kollektiven Unterlassens. Die Menschen einer demokratischen Gesellschaft (ebd., 786)

> [...] geben recht willig zu, dass die Herrschaft, die die Gesellschaft vertritt, weit mehr Bildung und Weisheit besitzt als irgendeiner der Menschen, aus denen sie sich zusammensetzt [...].

Die Organisationen übertreffen jeden Einzelnen an Erfahrung und Expertise. Warum sollten wir uns überhaupt einmischen?

Tocqueville vermutet daher, dass auf dem Boden von demokratischen Gesellschaften eine neuartige Form von Despotismus wächst. Er hat mit den alten und brutalen Formen der Unterdrückung bloß noch gemein, die wechselseitige Isolierung der Menschen vorauszusetzen. Jeder Einzelne steht den anderen fremd gegenüber. Die Mitbürgerinnen erfahren bestenfalls aus den Medien etwas übereinander. Die Erfahrung, dass sie gemeinsam etwas tun können, um ihre Situation zu verändern, haben sie nie gemacht. Über ihnen erhebt sich vielmehr eine »gewaltige, bevormundende Macht, die allein dafür sorgt, ihre Genüsse zu sichern und ihr Schicksal zu überwachen« (ebd., 814):

> Sie ist unumschränkt, ins einzelne gehend, regelmäßig, vorsorglich und mild. Sie wäre der väterlichen Gewalt gleich, wenn sie wie diese das Ziel verfolgte, die Menschen auf das reife Alter vorzubereiten; statt dessen aber sucht sie bloß, sie unwiderruflich im Zustand der Kindheit festzuhalten; es ist ihr recht, dass die Bürger sich vergnügen, vorausgesetzt, dass sie nichts anderes im Sinn haben, als sich zu belustigen.

Das Fatale an dieser Entwicklung ist nach Tocqueville, dass sie den Gebrauch des eigenen freien Willens zwar nicht breche, aber aufweiche, beuge, lenke und abstumpfe. Das Volk verwandle sich in eine »Herde ängstlicher und arbeitsamer Tiere«, deren Hirte die Regierung sei. Die Schlussfolgerung, die Tocqueville daraus zieht, sollte uns bis heute zu denken geben (ebd., 815):

> Ich war immer des Glaubens, dass diese Art von geregelter, milder und friedsamer Knechtschaft [...] sich mit einigen der äußeren Formen der Freiheit meist besser, als man denkt, verbinden ließe, und dass es ihr sogar nicht unmöglich wäre, sich im Schatten der Volkssouveränität einzunisten.

Im Schatten der Volkssouveränität wächst die Subordination unter administrative Apparate. Auch wenn die Menschen mitunter vollmundig auf der Straße »Wir sind das Volk« skandieren, ist ihr Leben schon längst das Produkt jener Mischung von Lenkung und Beratung, durch welche sich die moderne Verwaltung auszeichnet.

Die Nation und ihr Jenseits

XIII. Die Nation

§ 105. Ein riskantes Konstrukt

Individualisten verstehen sich nicht als zugehörig zu einer größeren Gemeinschaft. Schon gar nicht sind sie bereit, deren Forderungen anzuerkennen, es sei denn, sie haben sich auf eine Mitgliedschaft, die Verbindlichkeiten einschließt, freiwillig eingelassen.

Deswegen ist ihnen jeglicher Appell an nationale Zugehörigkeit suspekt. In eine Nation wird man üblicherweise hineingeboren. Wer in einer nationalen Kultur aufwächst, wird unwillkürlich durch sie geprägt. Individualisten mögen diesen sozialen Sachverhalt durchaus anerkennen. Was sie allerdings zurückweisen, ist die Idee, dass der Abdruck, den der nationale Stempel in der Seele hinterlassen hat, eine Quelle von Verpflichtungen sein könne. Aus der Prägung durch ein nationales Milieu folge nicht, dass es eine nationale Gemeinschaft gebe, deren Mitgliedern man Loyalität schulde.

Individualisten halten bereits die synthetische Vereinigung lose verbundener nationaler Eigentümlichkeiten zum Kollektivsingular der »Nation« für fiktiv. Adjektive lassen sich nicht einfach zu Substantiven steigern. Ein schönes Tal sei keine Manifestation »des Schönen«. Hinter österreichischen Gepflogenheiten stecke kein Österreich.

Überdies nähre die Verwandlung der Kultur in ein Kollektiv, das sein eigenes Sein zu behaupten habe, aggressive Kräfte. Die Nation erweise sich als ein politisch äußerst riskantes Konstrukt. Die Behauptung der nationalen Identität führe zu Gegnerschaft. Gegnerschaft führe zu Hass. Hass führe zu Gewalt und Gewalt zu Leid.

Als Individualist sei man besser beraten, sich über solche Einbildungen erhaben zu wissen.

Aus individualistischer Sicht stellt sich die Staatsbürgerschaft als ein Gut dar, das persönliche Vorzüge bietet und gemessen an dem Aussehen und Einfluss des betreffenden Landes von geringerem oder höherem Wert ist.

§ 106. Die vorgestellte Gemeinschaft

Dass die »Nation« mit der »Vorstellung« oder »Einbildung« von Gemeinschaft zu tun habe, ist eine berühmt gewordene These des amerikanischen Politikwissenschafters Benedict Anderson (1936–2015). Im Gegensatz zu einer Dorfgemeinschaft würden die Angehörigen einer Nation einander nicht persönlich kennen. Dennoch stellen sie sich vor, dass es die nationale Gemeinschaft gebe.

Die Idee, dass es die Nation im Vergleich zu anderen Gemeinschaften auszeichne, auf einer Einbildung zu beruhen, hält leider nicht, was sie verspricht. Denn wenn man es recht bedenkt, beruht jede Gemeinschaft auf einer Vorstellung von ihr. Mit den Menschen, denen ich täglich bei der Straßenbahnstation begegne, verbindet mich trotz des Aufeinandertreffens nichts. Erst wenn ich unsere Beziehung so deute, dass zwischen uns eine Verbindung entstanden ist, die wechselseitige Verbindlichkeiten einschließt, wird eine Gemeinschaft entstehen; dies allerdings nur unter der Voraussetzung, dass die anderen dieselbe Deutung anstrengen wie ich. Eine »Gemeinschaft« setzt eine bestimmte, von Menschen geteilte Deutung der zwischen ihnen bestehenden Beziehung voraus. Insofern ist jede Gemeinschaft eine »eingebildete« oder »vorgestellte« Gemeinschaft.

Das Beispiel zeigt aber auch, dass die Deutung, die das »Einbilden« von Gemeinschaft ermöglicht, nichts Beliebiges ist. Es wäre bizarr, wenn man meinte, durch wiederholtes, wortloses Nebeneinanderstehen bei der Haltestelle entstehe unter der »Gemeinschaft« der Straßenbahnfahrer die Verpflichtung, einander wechselseitig mittels SMS über Verspätungen zu informieren. Wer das erwartete, würde das Verhältnis zwischen den Wartenden missdeuten.

Die anderen Elemente von Andersons Begriffsbildung sind ergiebiger. Nationen sind begrenzt, d.h., sie existierten stets als eine unter anderen. Der wechselseitige Respekt der Nationen füreinander ist darin angelegt. Nationen sind souverän. Auf diesen schwierigen Punkt werden wir zurückkommen (siehe unten § 114). Schließlich gibt es unter den Angehörigen einer Nation eine »horizontale Kameradschaft«. Alle gelten als gleich wichtig und sind dazu verpflichtet, andere zu unterstützen.

Der Begriff der Nation erweist sich somit als normativ gehaltvoll. In unserem politischen Sprechen setzen wir immer schon voraus, dass ein Geflecht von koordiniertem Verhalten bestimmten Maßstäben zu genügen hat, um als Nation gelten zu können. Natürlich gewichten nicht alle Nationalismen alle der genannten Elemente in der gleichen Weise.

§ 107. Gemeinsamkeit und Opfer

Gerade weil zu jeder Gemeinschaft so etwas wie eine geteilte »Einbildung« gehört, ist die Beobachtung, die Nation sei gemeinsam vorgestellt, dennoch nicht von der Hand zu weisen.

Der kanadische Politikwissenschafter Bernhard Yack (*1952) hat herausgestellt, dass zum Vorstellen von Gemeinschaft jedenfalls zwei Elemente gehören. Erstens müssen die Menschen zumindest vermuten, etwas mit anderen gemeinsam zu haben, und zweitens dieses Gemeinsame als Grund für die zwischen ihnen bestehenden wechselseitigen Verpflichtungen verstehen. Sie müssen davon ausgehen, dass das, was sie teilen, die Wurzel einer besonderen Verbundenheit ist, die es im Verhältnis zu Außenstehenden nicht gibt. Im Fall der Nation schließt das üblicherweise den Glauben ein, dass man ein gemeinsames Schicksal oder eine gemeinsame Geschichte hat und man deswegen letztlich bereit sein muss, im Ernstfall sogar sein Leben auf dem Feld der Ehre zu opfern. Beide Elemente – Teilen und Opferbereitschaft – sind notwendig. Wenn eines fehlt, gibt es keine Gemeinschaft. Mit vielen anderen Wienern habe ich die Liebe zur Wiener Staatsoper gemeinsam. Das bedeutet aber nicht, dass wir deswegen alle zur Gemeinschaft der Liebhaber der Wiener Staatsoper gehören. Uns verbindet keine geschwisterliche Sorge um den Operngenuss aller anderen.

Gemeinschaften beruhen, wie oben erwähnt, auf der Deutung einer Beziehung. Die entsprechenden Interpretationen können entweder von der Verpflichtung ausgehen und nach ihrem wahren Grund fragen (»Was macht uns Europäer aus?«) oder umgekehrt die Frage erörtern, welche Pflichten, wenn überhaupt, einer geteilten Eigenschaft oder Geschichte entspringen (»Was schulden wir Europäer einander?«). Man mag einem Homosexuellen bedeuten, dass er zur »Gay Community« gehöre. Dieser darf gleichwohl zu Recht das Ansinnen zurückweisen, anderen Menschen mit derselben sexuellen Orientierung irgendeinen Beistand zu schulden. Das Gemeinsame ist eben nicht stark genug, um eine Gemeinschaft zu begründen.

§ 108. Kontingente Verbundenheit

Es ist oben beiläufig festgestellt worden, dass die Deutungen dessen, was gemeinsam geteilt und überdies so stark ist, dass es gegenseitige Verpflichtungen schafft, nicht beliebig ausfallen darf. Das Band, das die Menschen eint, darf kein bloßes Hirngespinst sein. Die Deutung muss sich auf etwas stützen können, das in den sozialen Phänomenen selbst liegt (wie etwa die wechselseitige Verständigung oder ein gemeinsamer Wirtschaftsraum). Wenn nichts da ist, verflüchtigt sich auch bald die gefühlte Loyalität.

Im Fall der Nation bieten sich zwei aussichtsreich erscheinende Kandidaten dafür an, das Gefühl der Verbundenheit in etwas »Objektivem« zu verankern. Etwas ist entweder von Natur aus so oder kraft Vereinbarung. Daraus erklärt sich, weshalb der Ethnonationalismus ebenso beliebt ist wie die ihm entgegengesetzte Vorstellung, eine Nation beruhe auf einer freiwilligen Übereinkunft über die Prinzipien des Zusammenlebens (die »Staatsnation«). Aus ethnonationalistischer Sicht basiert die Nation auf gemeinsamer Abstammung. Blut ist ein besonderer Saft. Aus der Sicht eines staatsbürgerlichen Nationalismus wird die Nation durch eine Übereinkunft über die Prinzipien des Gemeinwesens gestiftet. Beide Formen des Nationalismus sind aber nicht überzeugend. Nationen beruhen weder auf Blut noch auf dem Konsens der Angehörigen. Der nationale Zusammenhang schöpft aus historischen Erinnerungsräumen, die so oder auch anders sein können. Zur Nation gehört die Relevanz von Kontingenz, die Ansprüche an einen richtet:

Where we were thrown by the contingencies of birth determines what materials we have to work with in establishing any kind of national community. At the same time, cultural inheritance lacks the necessity of biological descent as a focus for mutual concern and loyalty. [...] My cultural inheritance [...] could easily have been otherwise [...]. Communities that grow out of contingent forms of sharing are much harder to justify than those that owe their origins to nature or choice. For they lack both the sense of necessity of the former and the sense of rational purpose of the latter. (Bernhard Yack, *Nationalism and the Moral Psychology of Community*, Chicago 2012, 66-67)

Worin besteht also die geheimnisvolle Verbindung zwischen dem Gemeinsamen und der besonderen Sorge für die Gemeinschaftsmitglieder?

§ 109. Erinnerungen

Nationen sind generationenübergreifende Gemeinschaften. Sie stellen eine Verbindung zwischen dem Tun der Vorfahren und der davon abgeleiteten Verantwortung der Nachfahren her (»Nie mehr wieder«). Die Angehörigen einer Nation teilen – nicht zuletzt vermittels staatlicher Institutionen – Erinnerungen, die den Hintergrund für besondere Verpflichtungen zwischen ihnen (»unsere soziale Marktwirtschaft«) oder anderen gegenüber (»Afrika«) abgeben. In diesem kollektiven Gedächtnis spielt ein Territorium als der Platz der Nation eine ausgezeichnete Rolle. Yack erläutert den Begriff der Nation daher wie folgt (ebd., 70):

A nation, then, is a [...] community in which the sharing of a singular and contingent cultural heritage inspires individuals to imagine themselves connected to each other – and to certain territories – through time by ties of mutual concern and loyalty. [...] We become members of a national community when we imagine ourselves connected to people who inherit some of the same cultural artefacts and memories that we do. Some of these artefacts we use, some we ignore, while others we put in storage where later generations often discover them and put them to new and unexpected use.

Erinnert werden Widerfahrnisse (»Versailles«), Fehler oder Verbrechen (»Holocaust«) und Leistungen (»Fußballweltmeister«), die zu gemeinsamen Orientierungspunkten werden. Das nationale Erinnern ist holistisch und wählt aus dem Leben insgesamt aus. Dieser ganzheitliche Zugriff suggeriert, dass es um eine gemeinsame Welt und Lebensform geht. Meistens bezieht es sich auf politische Ereignisse, Katastrophen aller Art oder Leistungen auf den Gebieten von Wissenschaft, Kunst oder Sport.

Das Erinnern ist nicht interesselos. Es fordert dazu auf, Vorbildern nachzueifern (»Adenauer«), Fehler der Vergangenheit zu vermeiden (»1933«) oder Schicksalsschläge wegzustecken (»WM 1978«). Das gemeinsame Erinnern ist dazu da, um eine gemeinsam geteilte Verantwortung hervorzurufen oder zu bestärken.

Ob an dem Gemeinsamen und seiner kollektiv verbindenden Kraft wirklich »etwas dran ist«, kann man sich auf wenigstens zwei Arten verständlich machen. Sie schließen einander interessanterweise nicht aus.

Zum einen mag man die Autorität und die historischen Wurzeln der nationalen Solidarität für eine lebensdienliche Illusion halten; andererseits mag man die national geprägte Identität als Ausdruck eines vernünftigen individuellen Selbstverständnisses ansehen. Es ist denkbar, dass die zweite Auffassung bloß eine Innenansicht von dem bietet, was die erste von außen diagnostiziert. Zwischen beiden bestünde eine Verbindung, aber auch eine tiefgreifende Spannung, weil die Vergewisserung über die eigene Identität durchaus etwas Ernstes und das Festhalten an einer durchschauten Illusion etwas durchaus Heiteres an sich hat.

§ 110. Delegiertes Glauben

Niemand glaubt wirklich an Zeitungshoroskope, aber viele Leute lesen sie. Die Chance, im Lotto zu gewinnen, ist verschwindend gering. Dennoch spielen viele ihre »eigenen« Zahlen, weil sie gerade mit ihnen Glück haben könnten. Und warum sollten wir uns nicht besser fühlen, wenn wir den Verdauungstrakt einmal »gereinigt« und »entschlackt« haben?

Der Glaube an Horoskope, Glückszahlen und Entschlackungen ist völlig unbegründet. Nichts davon lässt sich für bare Münze nehmen. Kein vernünftiger Mensch könnte öffentlich bekennen, daran ernsthaft zu glauben. Er würde sich lächerlich machen.

Allerdings lässt sich an solche Dinge durchaus glauben, wenn man das Überzeugtsein an andere delegiert und diesen dann folgt. Man kann an etwas *glauben lassen.* Da niemandem Bestimmten zugemutet werden darf, für einen selbst an etwas zu glauben, das man nicht vertreten kann, ist es auch nur möglich, *niemandem Bestimmten* den Glauben zuzumuten. Das Glauben lässt sich somit an niemanden Bestimmten delegieren.

Niemand Bestimmter tritt, weil er keine Einzelperson ist, notwendig im Plural auf. Ein anderer Name für ihn ist daher »die anderen« – also kein Einzelner, aber auch nicht niemand. Die anderen glauben ans Lotto, ans Horoskop und an die Entschlackung. Wenn man mitmacht, fällt man nicht negativ auf. Das Mitmachen gestattet es sogar, ein bisschen selbst daran zu glauben; denn die anderen glauben ja auch daran. Wenn also jeder Bestimmte das macht, von dem er sich wünscht, dass es die anderen glauben, wird es die soziale Praxis geben, in der man schmunzelnd an unsinnigen Dingen wie Entschlackungen oder Lottoziehungen teilnehmen kann.

Die anderen, die nicht begründet glauben, müssen vor niemandem ihre Überzeugung verantworten und mit Argumenten verteidigen. Man kann an diesem unverantwortlichen Glauben teilhaben, indem man mitmacht. Niemand Bestimmter wird einen zur Rede stellen, aber alle werden lächeln. Der Glaube lässt sich nicht ernst nehmen. Aber er lässt sich leben.

§ 111. Die Illusion der Substituierbarkeit

Der österreichische Philosoph Robert Pfaller (*1962) hat diese Form, eine Überzeugung zu teilen, als »Einbildung ohne Eigentümer« beschrieben. Weil die Einbildung illusionär ist, steht niemand zu ihr. Aber sie wird in der Praxis durch besseres Wissen nicht aufgehoben. Vielmehr wird umgekehrt zum Zweck des Verhaltens das Wissen um die Illusion aufgehoben. Das Überzeugtsein wird gespielt. Aber innerhalb des Gespielten ist es ernst. Das Spiel beruht auf der internen Suspension seines eigenen Unernstes:

> Wenn das Wissen zum Inhalt hat, dass das Spiel eben ›nur ein Spiel‹ ist, so muss das Spiel zugleich eine gegenteilige Illusion beinhalten – nämlich die ›mehr als nur ein Spiel‹ zu sein. (Robert Pfaller, *Die Illusionen der anderen. Über das Lustprinzip in der Kultur*, Frankfurt/Main 2002, 122–123)

Verschiedene kulturelle Ersatzhandlungen verdanken sich dieser Form des Überzeugtseins, welche die Illusion im Praxisvollzug suspendiert. Dazu gehören das Einscannen von Büchern oder das Aufzeichnen von Fernsehsendungen. Ersteres lässt sich als Ersatzhandlung für das Lesen deuten, Letzteres als stellvertretendes Sehen. Dem Unbewussten ist der nicht zu verantwortende Glaube an die Substituierbarkeit inhärent. Das kollektive Unbewusste kann es sich gestatten, an etwas zu glauben, das wir bewusst und jeder für sich dementieren oder wenigstens relativieren müssen (»Na ja, ich glaube ja eigentlich nicht dran«).

Natürlich muss das Substitut Indiz für die Ersetzbarkeit bieten. Das Licht eines Scanners oder einer Kopiermaschine fungiert wie ein lesendes Auge. Die Aufzeichnung eines Livestreams mutet an, als ob sich der Computer oder Recorder die Sendung mit innerem Auge und Ohr ansähe. Die Deutung der Substituierbarkeit darf nicht beliebig sein (siehe oben § 106, § 108). Aber von einer Ersetzbarkeit oder funktionalen Äquivalenz kann nicht ernsthaft die Rede sein. Es handelt sich um eine Illusion. Sie ermöglicht es zu lesen, ohne zu lesen, und Filme zu sehen, ohne sie zu sehen. Man kann so leben.

§ 112. Die Nation als Familie

Unter diesem Vorzeichen lässt sich der Glaube an die Nation und den nationalen Zusammenhalt durch zwei illusionäre Substitutionen begreifen. Erstens sind die Angehörigen der Nation so etwas wie Geschwister. Sie gehören zusammen und treten ohne Rücksicht auf Verdienste oder Vergehen füreinander ein. Zweitens fungiert die gemeinsam erinnerte Geschichte und das, was sich aus ihr für die Zukunft gewinnen lässt, als das Äquivalent zur Abstammung. Die gemeinsame Geschichte ist das »Blut« der Schicksalsgemeinschaft.

Auch wenn man es als offene Frage betrachten mag, ob die verbindende Kraft der gemeinsamen Geschichte ähnlich illusionär ist wie die geschwisterliche Liebe zwischen den Angehörigen der Nation, ist nicht zu leugnen, dass der Glaube an beide Substitutionen, deren Begründung wohl nicht leichtfallen dürfte, einem Lebensinteresse dient. In diesem Sinne lässt sich der Glaube an die verbindende Kraft der gemeinsamen Erinnerung als ein Kunstzustand begreifen, in den sich Menschen unbewusst versetzen, um sich in dieser Welt zu verankern und das Gefühl des Allein- und Ausgesetztseins zu vertreiben. Sie wollen daran glauben, dass sie miteinander vertraut und verbunden genug sind, um füreinander einzutreten und notfalls miteinander durchs Feuer zu gehen. Sie wollen, dass die Bande so stark sind wie zwischen Verwandten oder jenes Gefühl von Gemeinschaft reflektieren, das die antike Polis auszeichnete. Der Glaube an die Substituierbarkeit wird auch in diesem Fall durch Ähnlichkeiten vermittelt. Die nationale Geschichte ist wie eine Familienchronik. Die gemeinsame Sprache vermittelt Intimität. Selbstverständlich ist die Nation keine natürliche Gemeinschaft wie die Familie und auch die gemeinsame Nationalsprache alles andere als ein transparentes Medium, das uns unter »unseresgleichen« verstanden macht. Aber an die Äquivalenz lässt sich wechselseitig glauben, wenn sie nicht reflexiv thematisiert, sondern mit heiligem Ernst spielerisch beschworen wird. Deswegen feuern alle das Nationalteam an und debattieren heftig, wenn es darum geht, den Wert und die Besonderheit der eigenen Literatur herauszustellen.

Selbst wenn ideell – aus der Sicht seiner Begründung – das Nationalbewusstsein nichts mehr wäre als eine lebensdienliche Illusion, so ist es dennoch genau so reell wie andere kulturelle Praktiken, die auf einem unverantworteten Glauben an Substituierbarkeit beruhen. Weil es diese reale Seite auch hat, lädt es dazu ein, sich selbst als Angehöriger einer nationalen Gemeinschaft zu begreifen. Es verhält sich daher nicht so, dass die ernsthafte Erkundigung der nationalen Identität, auf die wir sogleich zu sprechen kommen werden, eine Alternative zur lebensdienlichen Illusion darstellt. Sie versenkt sich bloß mit »heiligem Ernst« in eine soziale Konstruktion, die einem wunderbaren Wunschbild entspringt.

§ 113. Transzendenz

Wenn man meint, durch seine nationale Identität bestimmt zu sein, kann man sich nicht als alleinigen Autor des eigenen Lebens verstehen. Man lebt sein Leben, indem man traditionelle Lebensweisen annimmt und im Bewusstsein der Verantwortung vor der Geschichte fortschreibt. Indem man sich als durch seine

Herkunft und Mitwelt bestimmt begreift und dieses Bestimmtsein bejaht, verkleinert sich die Bedeutung des individuellen Ich. Es wird einem unmöglich, sich als Schöpfer seiner selbst zu begreifen. Alles wird zum gemeinsamen Produkt, dessen Entstehungsbedingungen in ein größeres konturenloses Ganzes ausfließen.

Das solcherart in seiner Leistungsfähigkeit als »Selbstbildner« verkleinerte Ich wird im Gegenzug erhöht. Wenn man für sich selbst genommen nicht mehr das Zentrum des eigenen Lebens ist, dann verflüchtigt sich dieses Zentrum in einen größeren Kontext, an dem man partizipiert. Man erfährt sich als Teil von etwas, aus dem sich erklärt, wer man ist. Das impliziert weniger als ein Vermögen zur originären Autorschaft, aber mehr als das hoffungslose und rastlose Bemühen eines vereinzelten Selbst um Originalität.

Indem man in einem größeren Kontext aufgeht, kann man an vielem partizipieren, das man nicht selbst bewirkt. Ich kann mich mit dem Nationalteam identifizieren, insofern ich und die Teammitglieder im Wesentlichen Österreicher sind. Wenn das Team gewinnt (was selten vorkommt), bin ich zwar nicht stolz auf mich, denn ich habe nicht gespielt; aber ich bin stolz darauf zu sein, was ich bin. Der Erinnerungs- und Erlebnisraum der Nation erhebt mich über die Schranken meiner Individualität. Dasselbe gilt für das Leiden. Das Schicksal meiner Leute geht mich mehr an als das Schicksal der Fremden. Der Umstand, dass ich über mich hinausgehe, macht mich solidarisch mit den Meinen.

Die Nation ist eine Gemeinschaft mit geteilten Erinnerungen, vor deren Hintergrund gegenwärtige Erfahrungen Signifikanz gewinnen. Das Leben im Angesicht von Erinnerungen ist, wie Tocqueville bereits feststellte, vom Lebenshorizont der Individualisten grundverschieden. Diese leben in der Gegenwart. Ihnen geht es darum, in den Augen ihrer Zeitgenossen zu glänzen. Anders ist die Perspektive derer, welche die Last schultern, sich vor ihren Vorfahren zu verantworten. Sie müssen vor ihnen bestehen können. Das verleiht dem eigenen Leben eine über die Gegenwart weit hinausreichende Bedeutung. Zur entscheidenden Frage des Gelungenseins wird es, sich vorzustellen, wie einmal über das eigene Leben berichtet werden und wie dieser Bericht im Vergleich zu den Erzählungen über die Vorfahren ausfallen wird. Das individuelle Leben wird auch historisch dezentriert. Es wird gelebt in dem Bewusstsein, die Verantwortung für eine gute Geschichte zu tragen, zu der man selbst ein Kapitel beitragen muss. Der Beitrag hat zur bereits vorhandenen Erzählung zu passen.

Das dezentrierte Ego dehnt sich sozial und historisch aus. Die Nation erhebt uns über uns selbst. Das in der Gemeinschaft aufgegangene Selbst ist nicht minder grandios als das narzisstische Ich, das sich für einzigartig und wunderbar hält.

Wenn man der Auffassung ist, dass man unweigerlich ist, wer man ist, weil man immer schon über sich selbst hinaus ist, und es gar keine andere Möglichkeit gibt, etwas Sinnvolles zu tun, als Verantwortung für die Tradition zu übernehmen, in die man verstrickt ist, dann ist das Verbundensein durch das nationale Erinnern etwas zutiefst Ernstes und Wichtiges. Es ist eine rationale Form, mit sich ins Reine zu kommen.

Die lebensdienliche Illusion und die Selbstvergewisserung sind zwei Formen, sich die Verbindlichkeit nationaler Loyalität begreiflich zu machen. Das Bemerkenswerte an ihnen ist, dass sie einander nicht ausschließen. Die Selbstvergewisserung gibt uns die ernste Innenansicht von dem, wovon uns der Glaube »der anderen« an die Ersetzbarkeit der Familie durch die Nation eine heitere Außenansicht gibt. Damit konstituiert sich das spannungsreiche und potenziell explosive Feld, auf dem die Diskurse über den Nationalismus geführt werden.

§ 114. Nation und Staat

Moderne Demokratien sind Nationalstaaten nicht nur dem Namen nach. Der moderne demokratische Nationalstaat beruht auf der Volkssouveränität. Das macht ihn anerkennungswürdig. Dem Begriff des Volkes lassen sich aber wenigstens zwei Bedeutungen beilegen.

Das Volk sind zunächst alle, die als Staatsbürger der Staatsgewalt im Großen und Ganzen permanent unterworfen sind. Der Staat konstituiert sein Volk, indem er die Staatsbürgerschaft regelt. Andererseits gilt das Volk auch als der Urheber der Verfassung. Während das Volk im ersten Sinne vom Staat geschaffen wird, wird dieser durch das Volk im zweiten Verständnis konstituiert. Das Volk als konstituierte Vielheit ist vom Volk als konstituierende Einheit verschieden. Identität bei Differenz stellt sich nur ein, wenn sich die Elemente der Vielheit als Elemente der Einheit begreifen.

Seit Sieyès wurde das Volk im zweiten Verständnis mit der Nation gleichgesetzt. Als Nation ist das Volk der Souverän, der die verfassungsgebende Gewalt ausübt.

Wie das Volk unabhängig und abgesehen von seiner verfassungsrechtlichen Konstituiertheit handelt, wird begreiflich, wenn man bedenkt, dass der nationale Zusammenhalt aus gemeinsam geteiltem Erinnern zehrt. Die Autorität der Verfassung hängt davon ab, ob sich über ihren Ursprung und ihr Fortwirken eine gute Geschichte erzählen lässt. Diese Geschichte muss vermitteln, bei der Verfassung handle es sich um eine Leistung, die man nicht leichtfertig aufs Spiel setzen dürfe.

Die Autorität der Verfassung verdankt sich also dem Respekt vor der Verfassungsgebung und der Einsicht in die Brüchigkeit jedes Verfassungswerks. Beide werden wachgehalten durch das generationenüberspannende Erinnern daran, wie die Vorfahren gemeinsam das Problem gelöst haben, die Kooperation zwischen gesellschaftlichen Gruppen auf Dauer zu stellen. Das nationale Erinnern macht auch begreiflich, weshalb eine frühere Generation eine spätere zu binden vermag, indem jene aus den Erfahrungen ihrer Vorgänger schöpft.

§ 115. Die Ambivalenz der Nation

Dessen ungeachtet bleibt die Nation ein gefährliches Konstrukt. Sie ist umso gefährlicher, je enger der Erhalt des nationalen Zusammenhalts auf die Staatsgewalt rekurriert.

Die Nation ist eine Garantie der Freiheit und eine Gefahr für sie.

Ohne nationalen Zusammenhalt wären wir ohnmächtig. Wir wären vereinzelte Untertanen, die vielleicht dazu bewogen werden könnten, irgendein Sonderinteresse gemeinsam mit anderen zu verfolgen. Nicht aber ließen sich Geschichten über uns als einen handlungsfähigen Verband erzählen, der gegenüber dem Staat oder fremden Mächten auftritt.

Die Nation ist riskant, weil unter Berufung auf sie die Behauptung des kollektiven Eigeninteresses gebilligt wird (»America First«). Unter Rekurs auf sie lässt sich die Aggression gegenüber anderen schüren. Die Verordnung einer nationalen Kultur führt zu Homogenisierung und zur Unterdrückung von Minderheiten.

Mit der Nation tragen moderne demokratische Verfassungsstaaten zugleich mit ihrem Ursprung ihren Untergang in sich. Das antike Problem der Demokratie überträgt sich nicht nur auf die Tyrannei der Mehrheit. Es kehrt auch wieder bei der Nation.

Der Nationalismus ist heute die Heimstätte von Modernisierungsverlierern. Das war nicht immer so. Im 19. Jahrhundert war

Nationalismus progressiv (Guiseppe Mazzini). Die Revolution von 1848 war ein Emanzipationsprojekt. Nationalliberale Verfassungsstaaten waren international solidarisch mit anderen Nationen, die das gleiche politische Projekt verfolgen wollten.

Gleichwohl sind die Verbindungen zwischen Nationalismus und Widerstand nicht zufällig. Der Patriotismus ist eine Quelle des gemeinsamen und effektiven Aufbegehrens gegen die Obrigkeit oder die Eliten.

XIV. Jenseits des Nationalstaats

Der moderne Nationalstaat ist bis heute eine historisch wirkende Kraft, deren Relevanz sich nicht leugnen lässt. Alle Gemeinschaften sind Einbildungen. Die Nation gehört dazu. Außerdem ist der Glaube an die Nation insofern illusionär, als sich wohl kaum zureichende Gründe für ihre Existenz werden finden lassen. Dennoch dürfte dieser Glaube unumgänglich sein, damit Menschen im Kontext moderner Territorialstaaten mit ihrer Ohnmacht fertigwerden können. Die Nation ist ein Kunstprodukt. Es stellt sich nicht die Frage, ob sie sein soll oder nicht. Sie ist ein wichtiger Bestandteil unserer politischen Welt. Vielmehr sind Wege zu finden, mit den guten und den schlechten Seiten des Nationalstaats umzugehen. Im Geiste der Mischverfassung sind deren gute Eigenschaften zu bewahren und die schlechten zu unterdrücken.

Diese Aufgabe lässt sich nur jenseits des Nationalstaats lösen. Spezifisch darauf zugeschnitten sind supranationale Institutionen. Diese können »weicher« oder »härter« ausgeprägt sein. Weichere supranationale Institutionen verzichten auf die direkte Wirkung des supranationalen Rechts. Starke supranationale Institutionen beruhen auf dem direkten Effekt und dem Anwendungsvorrang im Verhältnis zum nationalen Recht. Formal sind beide völkerrechtlich fundiert.

Die supranationale Kooperation kann zwei Zielen dienen: der wechselseitigen Stabilisierung der nationalen demokratischen Verfassung oder der wechselseitigen Zähmung des nationalen Interesses. Diesen Zielen korrespondieren in Europa die weiche und die harte Supranationalität.

§ 116. Die europäische Menschenrechtskonvention

Die europäische Menschenrechtskonvention (EMRK) trat 1953 in Kraft, nachdem sie von zehn Signatarstaaten ratifiziert worden war. Sie wurde unter dem Dach des Europarates abgeschlossen mit dem Ziel, einen Minimalkatalog von Menschenrechten zu formulieren, der von jedem der partizipierenden Staaten zu garantieren ist.

Im Wesentlichen enthielt die ursprüngliche europäische Menschenrechtskonvention sogenannte »zivile Rechte«. Politische und soziale Rechte wurden ausgespart, abgesehen von der Freiheit der Meinungsäußerung und der Koalitionsfreiheit (Artikel 10 und 11).

Der Entstehungskontext der Konvention gab deutlich zu erkennen, wozu sie geschaffen worden war. Es ging darum, die nach dem Zweiten Weltkrieg entstandenen demokratischen Verfassungsstaaten durch die Schaffung eines internationalen Kontrollmechanismus zu stabilisieren. Die demokratisch legitimierten Regierungen wollten nicht bloß den Schutz der Menschenrechte, sondern auch Rückfälle in den Faschismus vermeiden. Die dahinterstehende Idee war wohl die, dass man undemokratische Regimes an ihren Menschenrechtsverletzungen erkennt. In der Präambel wurde betont, dass Menschenrechte und Demokratie in enger Wechselwirkung zueinander stehen. Die »Tyrannei der Mehrheit« lässt grüßen.

Ein Erfolgsrezept der europäischen Menschenrechtskonvention war ihre »variable Geometrie«. Sie ermöglichte es den Staaten, den Verpflichtungsgrad zu variieren. Sie konnten bloß zur Konvention beitreten und zunächst sogar die Gerichtsbarkeit des Europäischen Gerichtshofs für Menschenrechte (EGMR) ausschließen (Artikel 46 alt). Sie konnten die durch eine Vorlage der Kommission vermittelte Kompetenz des Gerichts anerkennen, aber Individualbeschwerden ausschließen (Artikel 25). Ein eher »symbolischer« Beitritt zur Konvention versprach die geringste Beeinträchtigung der staatlichen Souveränität. Bis heute ist kein Mitgliedstaat verpflichtet, die Konvention in nationales Verfassungsrecht zu transformieren.

Heute müssen alle partizipierenden Staaten die Zulässigkeit von Individualbeschwerden beim EGMR anerkennen, dessen Zuständigkeit sich auch nicht mehr ausschließen lässt. Das System ist, was seinen Verpflichtungsgrad betrifft, mittlerweile bei Weitem einheitlicher geworden. Aber einheitlich konnte es nur deswegen werden, weil die ursprüngliche »variable Geometrie« dafür sorgte, dass über die Jahrzehnte mehr und mehr Staaten bereit waren, an diesem System teilzunehmen.

Individualbeschwerden an den europäischen Gerichtshof für Menschenrechte sind heute allgemein zulässig, nachdem der nationale Instanzenzug ausgeschöpft worden ist (Artikel 34). Die Mitgliedstaaten sind verpflichtet, nach der Feststellung einer Konventionsverletzung einen urteilskonformen Zustand herzustellen (Artikel 46 [1]). Die Urteile des europäischen Gerichtshofs für Menschenrechte haben keinen direkten Effekt. Für innerstaatliche Grundrechtsbeschwerden ist die Konvention nicht direkt anwendbar, wenn sie nicht im Verfassungsrang ins nationale Recht des Mitgliedstaats transformiert worden ist. Die Supranationalität der Menschenrechtskonventionen ist also »weich«. Daran ändert auch Artikel 13 nichts, der verlangt, dass das nationale Recht effektive Rechtsbehelfe gegen Verletzungen von Konventionsrechten vorsehen muss. Artikel 13 kommt noch am ehesten an die Grundeigenschaft supranationalen Rechts heran, das Recht der Transformation nationalen Rechts zu sein.

Es erschließt sich vor diesem Hintergrund nicht sofort, was für ein revolutionärer Schritt mit der Einrichtung des Systems des europäischen Menschenrechtsschutzes getan worden ist. Es etabliert den »Peer Review« zwischen Nationen auf einem Teilgebiet des Verfassungsrechts. Unter Nationen, die sich als gleiche achten, wird die Autorität der Verfassung »horizontalisiert«. Der Maßstab, dem die Verfassung zu genügen hat, ist nicht der isolierte nationale Volkswille, sondern die Konvergenz im Verhältnis von Nationen, die sich darauf verständigt haben, dasselbe universelle Projekt in ihrem partikularen kulturellen Kontext zu verfolgen. Deswegen lässt dieses System genügend Platz für nationale Besonderheiten.

Das Konzept, das die Spannung von universellen Rechten und deren Garantie im nationalen Kontext zu bewältigen versucht, ist das des »margin of appreciation«. Es bezeichnet den Beurteilungsspielraum, der den Staaten verbleibt, um die Notwendigkeit eines Grundrechtseingriffs in einer demokratischen Gesellschaft zu begründen. In der richtungsweisenden *Handyside*-Entscheidung hat der Gerichtshof das Einräumen eines solchen Beurteilungsspielraums damit begründet, dass die nationale Gesetzgebung in einem engeren Kontakt mit den »vitalen Kräften« einer Gesellschaft stehe als ein internationales Gericht und daher die Eingriffsnotwendigkeit besser beurteilen könne. Innerhalb von Grenzen erlaubt der Beurteilungsspielraum also einen nationalen Sonderweg. Allerdings kann sich dieser Spielraum mit der Zeit auch verengen. Wie eng oder wie weit er bemessen ist, hängt davon ab, ob die Mehrheit der partizipierenden Staaten in einem bestimmten Standard des Grundrechtsschutzes konvergieren.

§ 117. Mehr und weniger Demokratie

Die EU gilt aus politikwissenschaftlicher Sicht als eine Einrichtung, die den Aktionsradius von Nationalstaaten erweitert. Durch die Zusammenarbeit zwischen gleichgesinnten Staaten werden nationale Demokratien in die Lage versetzt, mit Problemen fertigzuwerden, deren effektive Lösung ihnen im Rahmen eines nationalen Alleingangs verwehrt bliebe. Das betrifft alle Herausforderungen, die – von Abgasen bis Zweigniederlassungen – eine transnationale Dimension besitzen. Nationale Alleingänge würden nicht nur ihr Ziel verfehlen, sondern könnten sich auch auf die Nachbarstaaten ungünstig auswirken. Die supranationale Integration verhilft nationalen Demokratien also dazu, sich größer zu machen, als sie wirklich sind.

Die Union beruht, so betrachtet, auf einem »pooling of sovereignty«. Die Mitgliedstaaten behalten die Kontrolle über die supranationale Rechtsetzung jedenfalls dann, wenn Entscheidungen einstimmig getroffen werden. Aber auch der Gebrauch des Mehrheitsprinzips kann im Interesse der Mitgliedstaaten liegen, solange ihr Interesse an einheitlichen Standards ihr Interesse überwiegt, ihre eigenen Präferenzen durchzusetzen. Bei Produktstandards und technischen Vorschriften ist das der Fall, da durch gemeinsame Standards Wettbewerbsverzerrungen vermieden werden, die durch unterschiedliche nationale Regelungen entstehen. Ob ein Interesse an Vereinheitlichung oder Harmonisierung besteht, hängt von dem betroffenen Politikbereich ab. Die Mitgliedstaaten lassen sich keine höheren sozialen Standards oktroyieren, solange sie sich von niedrigeren Standards Wettbewerbsvorteile versprechen. In diesem Bereich besteht daher stets die latente Gefahr eines »regulatory race to the bottom«.

Die Tätigkeit der Union sollte, so gesehen, von nationalen demokratischen Kräften bejaht werden. Es ist aber auch denkbar, dass die Union wichtige Ziele deswegen verfolgt, um sie aus der demokratischen Politik herauszunehmen. Diese These wurde in den 1990er Jahren von dem italienischen Politikwissenschaftler Giandomenico Majone vertreten. Seines Erachtens leistet die Union zweierlei. Erstens ermögliche sie es den Mitgliedstaaten, sich dauerhaft und füreinander glaubwürdig auf Politiken einlassen, die kurzfristig oder in manchen Situationen unpopulär sein mögen, aber für den langfristigen wirtschaftlichen Erfolg der nationalen Wirtschaft unumgänglich sein dürften. Dazu gehören etwa die Kontrolle staatlicher Zuschüsse, das Wettbewerbsrecht und die Ausübung der Grundfreiheiten. Auch wenn im nationalen politischen Prozess gegen die Beschränkungen, die das supranationale Recht diesbezüglich auferlegt, politisch mobil gemacht werden mag, garantiert die Absicherung solcher Politikbereiche durch den Anwendungsvorrang des primären und sekundären Unionsrechts, dass kurzfristige oder auf Gruppeninteressen zurückgehende Initiativen ohne Aussicht auf Erfolg bleiben. Zweitens sei die EU durch Institutionen wie die Europäische Kommission oder Agenturen dazu in der Lage, politische Ziele zu verfolgen, deren Vorteile breit gestreut seien, auch wenn die Nachteile ganz bestimmte Gruppen träfen, die auf nationaler Ebene leicht politischen Widerstand leisten könnten. Sie mögen sich auf der europäischen Ebene entmachtet finden (ein madisonischer Gedanke, siehe oben § 101). Der Schutz breit gestreuter, aber politisch unzureichend vertretener Interessen zeige sich unter anderem an der Entwicklung des europäischen Verbraucherrechts.

§ 118. Supranationalität als politisches Ideal

In den vorstehenden Überlegungen zur Verstärkung und Begrenzung der nationalen Demokratie zeichnet sich bereits die Supranationalität als politisches Ideal ab, dem es darauf ankommt, vom Nationalstaat das Gute zu erhalten und das Schlechte zu vermeiden.

Einen Versuch, diesen Gedanken näher zu entwickeln, hat der israelisch-amerikanische Europarechtler Joseph Weiler (*1951) unternommen. Seines Erachtens zielt die Supranationalität darauf ab, die Nation vor einer Vereinnahmung durch den Staat zu bewahren.

Laut Weiler ist der Nationalstaat für drei Formen des »Grenzmissbrauchs« anfällig. Sie involvieren höchst unterschiedliche Grenzen, nämlich die Grenze zu anderen Staaten, die Grenze zur nationalen Kultur und die Grenze im Verhältnis zu Fremden. Der erste Grenzmissbrauch ist manifest nicht nur in der militärischen Aggression, sondern etwa auch in einer protektionistischen Wirtschaftspolitik; der zweite besteht in der für den Nationalismus und Faschismus typischen Vereinnahmung der nationalen Kultur und ihrer Symbole zum Zweck der propagandistischen Erzeugung von Massenloyalität; dem dritten begegnet man in verschiedenen Formen der Diskriminierung von Fremden.

Das supranationale Integrationsprojekt Europas hat sich dem Frieden und der Schaffung eines gemeinsamen Marktes verschrieben. Damit soll dem ersten Grenzmissbrauch vorgebeugt werden. Der Abwehr des Missbrauchs der dritten Grenze – also der Benachteiligung von Ausländern – dient das Verbot der Diskriminierung aufgrund der Nationalität (wenigstens unter EU-Bürgern). Die Union basiert auf der einbeziehenden Anerkennung des »Anderen«. Die durch die Personenverkehrsfreiheit und die Unionsbürgerschaft bewirkte Entkoppelung von Nationalität und positivem Status mag darin resultieren, dass die nationale Kultur sich aus der Umklammerung durch den Staat befreit. In der Vermeidung dieser zweiten Form des Grenzmissbrauchs erblickt Weiler eine Hauptfunktion der Supranationalität. Die nationale Identität verliert ihre politische Hauptrolle. Sie wird zu einer Gruppenidentität unter anderen.

§ 119. Deliberativer Supranationalismus

Auf einem engeren Verständnis des Grenzmissbrauchs beruht der von Christian Joerges (*1943) und Jürgen Neyer (*1970) vertretene »deliberative Supranationalismus«. Ihres Erachtens erfüllen supranationale Einrichtungen die Funktion, jene negativen Auswirkungen zu vermeiden, welche nationale Demokratien füreinander haben. Ein Beispiel für eine solche negative Auswirkung wäre eine Befreiung von der Körperschaftssteuer, die dazu führt, dass Unternehmen ihren Standort in das Land verlegen, in dem die Befreiung besteht.

Demokratien haben Grenzen. Die Menschen, die jenseits dieser Grenzen leben, sind im demokratischen Prozess nicht repräsentiert. Dieser Mangel der national begrenzten Demokratien lasse sich auf zwei Arten ausgleichen: einerseits, indem man den Fremden Abwehrrechte verleiht, denn Rechte ermöglichen eine Interessenrepräsentation außerhalb des politischen Prozesses; andererseits, indem man nationale Demokratien dazu verhält, ihre Interessen mit ihren Nachbarn in einem deliberativen Verhandlungsprozess auszugleichen. Vor dem Hintergrund dieser Überlegung erweisen sich die Grundfreiheiten und die Bestimmungen über die europäischen Gesetzgebungs- und Regulierungsverfahren als Teil eines gesamten Pakets, das darauf abzielt, das Repräsentationsdefizit nationaler Demokratien auszugleichen.

§ 120. Das Lieblingsdogma bürgerlicher Europäisten

Der deliberative Supranationalismus entspringt einer Mentalität, die allerdings auch dazu neigt, das Repräsentationsdefizit national begrenzter Demokratien zu übertreiben.

Manifest ist dies am Lieblingsdogma bürgerlicher Europäisten.

Den Ausgangspunkt bildet das »All Affected Interests Principle«. Demnach erfordert die demokratische Partizipation, dass alle von einer Entscheidung Betroffenen an der Entscheidungsfindung teilnehmen können. Zu diesen Personen gehören eben auch alle, die jenseits der Grenzen einer nationalen Demokratie von deren Politik betroffen sind. Daher wird es bei jeder begrenzten Demokratie immer nicht-repräsentierte Betroffene geben. Also ist jede begrenzte Demokratie eigentlich undemokratisch. Das ist der Kern des Lieblingsdogmas.

Natürlich ist das Dogma ein Dogma. Es beruht auf einer unexaminierten Prämisse. Sie lautet, dass prinzipiell eine unbestimmte Menge von Menschen demokratisch entscheiden könne. Das kann aber nicht der Fall sein. Demokratien benötigen Grenzen. Ansonsten wäre es unmöglich, Stimmen zu zählen. Selbst wenn man davon ausginge, dass der Kreis der Stimmberechtigten gemessen an der Betroffenheit flexibel zu verengen oder zu erweitern sei, müsste noch immer ein Kreis von stimmberechtigten Personen darüber entscheiden, wer denn in diesem oder jenem Fall zum Kreis der Betroffenen zu zählen sei. Dieser »letzte Kreis« an demokratischen Teilnehmern bliebe aber notwendig unbestimmt, weil er auch Angehörige künftiger Generationen umfassen müsste. Ein unbestimmter Personenkreis kann aber nicht abstimmen. Das Lieblingsdogma setzt in Wahrheit eine unmögliche Form der Demokratie voraus, um die begrenzte Demokratie als defizitär zu denunzieren.

Der Widerspruch zwischen Betroffenheit und Partizipationsgrenze ließe sich vermeiden, wenn man die Partizipationsbefugnis nicht an eine Entscheidungsbefugnis koppelte. Eine Demokratie ließe sich damit an eine klug verfahrende Verwaltungsbehörde assimilieren, die ihre Entscheidung gründlich vorbereitet, indem sie den potenziell Betroffenen Gehör gewährt. Das aber wäre Verwaltung und nicht Demokratie.

Am Lieblingsdogma lässt sich also nur dann festhalten, wenn man die mangelnde Partizipation der Außenseiter durch eine Interessensrepräsentation mittels Rechten kompensiert. Ein Recht, das sich in diesem Zusammenhang sofort aufdrängt, ist das Gleichheitsrecht. Wenn die Insider und die Outsider gleich zu behandeln sind, bedeutet dies, dass den Interessen der Outsider das gleiche Gewicht beigemessen wird. Die Interessen sind also repräsentiert. Allerdings wird eine formale Gleichbehandlung in vielen Fällen nicht ausreichen, um als gleiche Berücksichtigung gelten zu können. Manche Regeln belasten Außenstehende vergleichsweise schwerer als diejenigen, die im Inland ansässig sind. Wer Waren produziert und sich dabei an den technischen Produktstandards seines Landes orientiert, ist mit zusätzlichen Regulierungsvorgaben konfrontiert, wenn er dieselben Produkte in anderen Ländern verkaufen will, in denen andere Standards gelten. Die gleiche Berücksichtigung von Interessen dürfte in diesem Fall verlangen, dass die Last, unterschiedlichen nationalen Standards genügen zu müssen, entfällt. Es sollte den Produzenten daher erlaubt sein, ihre Waren, sobald sie nationalen Vorgaben genügen, in alle anderen Länder exportieren zu dürfen. Das Diskriminierungsverbot erweitert sich somit in ein so genanntes »Beschränkungsverbot«. Aber die Geschichte ist damit noch nicht zu Ende. Es kann durchaus der Fall sein, dass in einem gemeinsamen transnationalen Markt, an dem unterschiedlich regulierte nationale Märkte partizipieren, die Anforderungen für die Produktion von Waren oder die Ausübung eines Gewerbes unterschiedlich streng sind. Es dürfte dem Gedanken der gleichen Berücksichtigung von Interessen widersprechen, dass die Bewohner eines Landes rigoroseren Standards zu genügen haben, während die Wirtschaftstreibenden anderer Länder vergleichsweise geringeren Anforderungen unterliegen. Der Gedanke der gleichmäßigen Berücksichtigung aller Interessen dürfte daher fordern, dass sich jeder zum Zweck der Wirtschaftstätigkeit im Rahmen eines transnationalen gemeinsamen Marktes jene Regelung aussuchen darf, die ihr oder ihm am günstigsten erscheint.

Und so verwandelt sich unter dem Vorzeichen des Lieblingsdogmas das hochsinnige Prinzip der demokratischen Partizipation in die Freiheit der Erwerbstätigkeit. Es ist eben ein bürgerliches Dogma.

§ 121. Eine kosmopolitische Verfassung

Wenn man die stabilisierende und die zähmende Supranationalität (siehe XIV) zusammennimmt, erkennt man, dass sie den nationalen Verfassungen ein kosmopolitisches Aussehen verleiht.

Eine kosmopolitische Verfassung nimmt nicht mehr an der Staatsbürgerin, sondern am Fremden Maß. Als Kosmopoliten begreifen wir uns, insofern wir uns nicht als Bürgerinnen oder Bürger unseres eigenen Landes, sondern als einen Bewohner des Planeten unter anderen betrachten. Was wir mit den anderen gemeinsam haben, ist, dass wir außerhalb unseres Heimatlandes Fremde sind.

Dieses Verständnis von »kosmopolitisch« mag befremdlich anmuten. Vertreter kosmopolitischer Ideale verstehen die Welt zumeist so, als ob wir alle zusammengehörten und insofern Teil einer großen politischen Gemeinschaft sein müssten. Aber diese Gemeinschaft gibt es nicht. Deswegen setzt das hier vertretene

Verständnis des Kosmopolitismus vergleichsweise bescheidener an. Dafür ist es aber präziser und realistischer.

Eine kosmopolitische Verfassung umfasst die Bedingungen, unter denen es akzeptabel ist, fremdbestimmt zu sein. In ihnen spiegelt sich, dass wir letztlich nicht den Bürgerstatus, sondern unser Menschsein gemeinsam haben.

Erstens soll die gemeinsame Kontrolle der Einhaltung der Menschenrechte garantieren, dass jeder Nationalstaat anständig genug ist, damit Menschen nicht fürchten müssen, durch staatliche Institutionen oder Private erniedrigt zu werden.

Zweitens ist es der zähmenden Supranationalität des Europarechts inhärent, grundsätzlich die Diskriminierung aufgrund der Staatsbürgerschaft auszuschließen. Insofern wird eine Gleichheit des Status eingeführt, welche die am politischen Prozess Beteiligten dazu nötigt, sich zu fragen, ob sie etwas auch wollen würden, wenn der Kreis der Begünstigten alle umfasst, die auf dem Territorium ansässig sind.

Drittens garantiert diese Gleichbehandlung daher so etwas wie die »virtuelle Repräsentation« von Fremden. Denn selbst wenn sie nicht an einem nationalen politischen Prozess partizipieren, sind diejenigen ihrer Interessen geschützt, welche die politische Mehrheit der Staatsbürgerinnen des betreffenden Landes für sich selbst gesichert sehen wollen. Die Interessen der Fremden sind vermöge des repräsentativen Systems geschützt, an dem die Inländer partizipieren.

§ 122. Pathologien supranationaler Integration: Demokratiedefizit

Im Fall der EU lassen sich Pathologien supranationaler Integration studieren, die zwar nicht notwendig auftreten müssen, aber für das europäische Projekt durchaus charakteristisch sind.

Die erste und weithin bekannte Pathologie ist das so genannte »Demokratiedefizit«. Entstanden ist es zunächst im Verhältnis zu den nationalen Parlamenten. Ursprünglich bedurfte die Gesetzgebung durch die Mitgliedstaaten im Rat der Europäischen Gemeinschaft nicht der Zustimmung des Europaparlaments. Natürlich waren auch die nationalen Parlamente vom Gesetzgebungsprozess ausgeschlossen. Deswegen entpuppte sich die Gemeinschaft für die Mitglieder der Exekutive als ein nützliches Instrument, politische Festlegungen unabhängig von den Mühen der demokratischen Mitbestimmung zu treffen. Die einzige, wenn auch schwer zu überwindende Hürde war das Einstimmigkeitsprinzip im Rat. Wenn Einstimmigkeit herrschte, ließ sich hingegen alles machen. Auch die Kompetenzgrenzen der Gemeinschaft im Verhältnis zu den Mitgliedstaaten spielten keine Rolle. Der Europäische Gerichtshof ließ die Mitgliedstaaten gewähren, solange sie sich einig waren.

Das ist der Ursprung des »Demokratiedefizits«. Die Strategie, das Defizit zu beheben, ist es stets gewesen, das Europaparlament im Verhältnis zum Rat zu stärken. Unterdessen ist das Parlament weitestgehend zu einem gleichberechtigten Partner im Gesetzgebungsprozess geworden. In wichtigen Angelegenheiten leistet es mitunter effektiven und konstruktiven Widerstand.

Dass das Demokratiedefizit trotz des Machtzuwachses des Europaparlaments fortbesteht, ist den Kontextbedingungen der europäischen Politik geschuldet. Zu diesen gehört, dass die Wahlen zum Europaparlament nach wie vor von den Wählerinnen dazu herangezogen werden, um ihre Zufriedenheit oder Unzufriedenheit mit der nationalen Regierung zum Ausdruck zu bringen. Sie gelten als weniger bedeutend als die Wahlen zu nationalen Vertretungskörpern. Dem europäischen Gemeinwesen fehlt die gemeinsame Sprache. Deswegen gibt es auch nur rudimentär gemeineuropäische Medien, um die sich eine europäische

Öffentlichkeit kristallisieren könnte. Die europäischen politischen Parteien sind intern heterogen, und es mangelt ihnen, wenn man von dezidiert anti-europäischen Parteien absieht, an einem klaren ideologischen Profil. Das Demokratiedefizit ist trotz der Stärkung des europäischen Parlaments also nicht verschwunden.

§ 123. Pathologien supranationaler Integration: Kryptoföderalismus

Eine weitere Pathologie des europäischen Integrationsprozesses ist ohne Zweifel etwas, was Majone als »Kryptoföderalismus« bezeichnet. Als dessen Urheber gelten ihm zwei Politiker, die zu den Gründern der EU gehören, nämlich Jean Monnet (1888–1979) und Paul-Henri Spaak (1899–1972). Angesichts des Scheiterns hochtrabender Pläne, nach dem Zweiten Weltkrieg einen europäischen Bundesstaat zu schaffen, setzten sie auf die Integration der kleinen Schritte, die gleichsam zwangsläufig weitere Integrationsanstrengungen nach sich ziehen sollten. Das gemeinsame Europa sollte aus der sukzessiven »Europäisierung« von Politikbereichen entstehen. Als Ergebnis dieser Integrationsmethode erhält man ein zielloses institutionelles Wachstum, das die Mittel der Integration als Zwecke ausgibt. An die Stelle einer gemeinsamen Verständigung über die Ziele eines gemeinsamen Europas tritt der reflexartig wiederholte Slogan »mehr Europa«. Wo immer ein Problem oder eine Krise auftreten, gilt eine »europäische Lösung« als richtig, denn sie vergrößert den Aufgabenbereich der EU. Allein darum geht es dem Kryptoföderalismus. An den mehr oder minder zufällig vergemeinschafteten Politikbereichen und den mit ihnen verbundenen »Prozessen« wird festgehalten, auch wenn sich, wie bei der Fischereipolitik oder der Währungsunion, berechtigte Zweifel an ihrer Vernünftigkeit regen. Mit dem Kryptoföderalismus lässt sich der imperiale Ehrgeiz verbinden, ein Gebilde von großer Ausdehnung zu schaffen, das den Frieden zwischen seinen heterogenen Bestandteilen aufrechterhält und den allgemeinen Wohlstand befördert. Dass solche imperialen Gebilde auch zerfallen können, ist den Österreichern und Osteuropäern in Erinnerung geblieben.

§ 124. Pathologien supranationaler Integration: Autoritärer Liberalismus

Die jüngste Pathologie des europäischen Integrationsprozesses dürfte in der Rückkehr des autoritären Liberalismus bestehen. Unter autoritärem Liberalismus versteht man seit Hermann Heller (1891–1933) den Rekurs auf Regierungsmaßnahmen zur Aufrechterhaltung oder Wiederherstellung der »gesunden Wirtschaft«. Diese Maßnahmen sind entweder rechtlich fragwürdig oder setzen die parlamentarische Kontrolle in den Mitgliedstaaten bzw. der Union de facto außer Kraft. Es gibt eine ausgedehnte rechtswissenschaftliche Diskussion zu der Frage, ob die Maßnahmen im Zusammenhang mit dem »Euro-Rettungsschirm« rechtmäßig waren. Die verschiedenen Regulierungen, die von der Union erlassen worden sind, um die budgetäre Disziplin in den Mitgliedstaaten zu kontrollieren, greifen tief in die Hoheit der nationalen Parlamente ein.

Ein autoritäres Ethos war dem europäischen Integrationsprozess allerdings von Beginn an nicht fremd. Den bereits genannten Gründungsfiguren war durchaus bewusst, dass ein gemeinsames Europa ohne die Europäer gebaut werden musste. Der Prozess musste sozusagen josephinistisch vollzogen werden. Die Loyalität der Massen sollte sich erst später aufgrund des größeren Wohlstands einstellen.

Majone weist zutreffend darauf hin, dass die übliche Apologie der europäischen Integration auf dem unexaminierten Glauben an *post hoc, ergo propter hoc* beruht. Der Friede zwischen den Mitgliedstaaten und der nach dem Zweiten Weltkrieg geschaffene Wohlstand gelten als durch die Union verursacht. Aber wie sähe die Welt aus, wenn es sich umgekehrt verhielte und die Union bestünde, weil die Mitgliedstaaten friedfertig geworden sind und der Wohlstand sich vergrößert hat?

§ 125. Schluss

Was braucht Europa? Europa braucht das, was der Kryptoföderalismus nicht bietet, nämlich Ziele. Diese Ziele müssen nicht erfunden werden. Die Union hat die Mitgliedstaaten darin zu unterstützen, ihre kosmopolitische Verfassung zu realisieren. Diese Verfassung beruht auf dem Respekt für die Menschenrechte und darauf, eine Welt zu schaffen, in der man auch als Fremder leben kann – also eine Welt, in der man sich paradoxerweise mit dem Fremdbestimmtsein identifizieren können sollte.

Vergessen werden darf allerdings nicht, dass der Menschenrechtsstandard, der die Bedingungen für ein menschenwürdiges Leben reflektiert, bereits 1948 in der Allgemeinen Erklärung der Menschenrechte niedergelegt worden ist. Wer menschenwürdig lebt, vermag seine Persönlichkeit allseitig und frei zu entfalten.

Wenn wir das Ziel, in dessen Richtung uns die EU bewegen sollte, verdeutlichen wollen, dann sind wir nicht schlecht beraten, unseren Blick nach Nordeuropa zu wenden.

Literaturhinweise

Allgemein

Es gibt einige deutschsprachige Einführungslehrbücher, die alle ihre eigenen Vorzüge haben, etwa die von Johann Braun (2. Aufl., Tübingen 2011), Daniela Demko und Kurt Seelmann (6. Aufl., München 2014), Hasso Hofmann (Darmstadt 2003), Maximilian Forschner, (Mensch und Gesellschaft, Darmstadt 1989), Matthias Mahlmann (4. Aufl., Baden-Baden 2016) oder Dietmar von der Pfordten (München 2013).

Besonders empfehlenswert ist N.E. Simmonds, *Central Issues in Jurisprudence. Justice, Law, and Rights*, 4. Aufl., London 2013. Zwei einschlägige Vorlesungen, die an der Yale University gehalten worden sind, können über Open Yale Courses gestreamt werden. Es handelt sich um die *Introduction to Political Philosophy* von Stephen B. Smith und *The Moral Foundations of Politics* von Ian Shapiro. Siehe http://oyc.yale.edu/political-science. Zu beiden Vorlesungen gibt es umfangreiches Material und jeweils ein begleitendes Buch. Beide Bände sind bei Yale University Press erschienen (Smith 2012, Shapiro 2003).

Recht und Moral

Joseph Raz dürfte als Erster den Weg eingeschlagen haben, die Autorität des Rechts aus einem Verzicht auf das eigene Urteil in der Sache zu erklären. Siehe *Between Authority and Interpretation*, Oxford 2009, und sein Hauptwerk *The Morality of Freedom*, Oxford 1987. Eine solide Einführung in Raz' Denken bietet sein Schüler Andrei Marmor in dem Buch *Philosophy of Law*, Princeton 2011.

Zur Einführung in Kants Verständnis des Rechts und der Moral sind drei Werke sehr hilfreich: Christoph Horn, *Nichtideale Normativität: Ein neuer Blick auf Kants politische Philosophie*, Berlin 2014; ders./Corinna

Mieth/Nico Scarano, *Kants Grundlegung der Metaphysik der Sitten*, Frankfurt/Main 2007; Christine M. Korsgaard, *The Sources of Normativity*, Cambridge 1996. Ein Standardwerk zu Kant ist Wolfgang Kersting, *Wohlgeordnete Freiheit. Immanuel Kants Rechts- und Staatsphilosophie*, 3. Aufl., Münster 2007. Zur Rechtsphilosophie der klassischen deutschen Philosophie siehe nach wie vor Ludwig Siep, *Praktische Philosophie im Deutschen Idealismus*, Frankfurt/Main 1992. Ein gutes Verständnis für die rechtliche Freiheit findet man auch bei Axel Honneth, *Das Recht der Freiheit. Grundriss einer demokratischen Sittlichkeit*, Berlin 2011.

John Rawls erklärt sein Verständnis der Grundgüter in *Eine Theorie der Gerechtigkeit*, dt. Frankfurt/Main 1975, 111–115. Seine Überlegungen zu den »burdens of judgment« findet man in *Politischer Liberalismus*, dt. Frankfurt/Main 2003.

Zur Theorie des Rechtsverhältnisses empfehle ich Michael Oakeshott, ›The Rule of Law‹, in: ders., *On History and Other Essays*, Indianapolis 1983, 129–178. Die hier vorgestellte Theorie des Rechtsverhältnisses ist stark an der klassischen deutschen Philosophie Kants, Fichtes und Hegels orientiert, reformuliert diese allerdings auf anglo-amerikanische Art. Eine erste Skizze biete ich in meinem Buch *The Legal Relation: Legal Theory after Legal Positivism*, Cambridge 2017.

Die Idee, dass das Recht eine Form hat und diese Form an Prinzipien manifest ist, findet sich prominent ausgeführt bei Lon L. Fuller, *The Internal Morality of Law*, 2. Aufl., New Haven 1969.

Rechte und Pflichten

Wesley Newcomb Hohfelds einschlägige Arbeiten liegen gesammelt vor als *Fundamental Legal Conceptions as Applied in Judicial Reasoning*, New Haven 1919, Lawbook Exchange Edition 2010. Ein deutsches Standardwerk zur analytischen Theorie der Rechte ist zweifelsfrei Robert Alexys *Theorie der Grundrechte*, Baden-Baden 1985. Es ist als Suhrkamp-Taschenbuch erhältlich. Eines der scharfsinnigsten Werke zu diesem Thema stammt von Judith Jarvis Thomson, *The Realm of Rights*, Cambridge, Mass. 1990.

Zur antiken und mittelalterlichen Naturrechtslehre empfiehlt sich Ernst-Wolfgang Böckenförde, *Geschichte der Rechts- und Staatsphilosophie. An-*

tike und Mittelalter, 2. Aufl., Tübingen 2006. Zum neuzeitlichen Naturrecht ist Wolfgang Kerstings Werk *Die politische Philosophie des Gesellschaftsvertrags*, Darmstadt 1994, besonders lesenswert. Zur Bedeutung von Roosevelt siehe Cass R. Sunstein, *The Second Bill of Rights. FDR's Revolution and Why We Need it More Than Ever*, New York 2004. Die erwähnte »revisionistische« Geschichtsschreibung zu den Menschenrechten findet man exemplarisch bei Samuel Moyn, *Human Rights and the Uses of History*, 2. Aufl., London 2017. Zur Menschenwürde gibt es unendlich viel. Als hilfreich empfand ich Michael Rosen, *Dignity. Its History and Meaning*, Cambridge, Mass. 2012. Zum Paradigmenwechsel im Völkerrecht siehe Anne Peters, *Jenseits der Menschenrechte*, Tübingen 2014; zur »totalen Verfassung« siehe Mattias Kumm, ›Who is Afraid of the Total Constitution? Constitutional Rights as Principles and the Constitutionalization of Private Law‹, in: German Law Journal 7 (2006), 341–369.

Eine wunderbare Interpretation von Rousseaus *Diskurs über den Ursprung und die Grundlagen der Ungleichheit* findet man bei Frederick Neuhouser, *Pathologien der Selbstliebe. Freiheit und Anerkennung bei Rousseau*, dt. Berlin 2012. Eine exzellente Rekonstruktion des Verständnisses von Entfremdung bei Marx bietet Michael Quantes Kommentar zu dessen *Ökonomisch-Philosophischen Manuskripten* (Frankfurt/Main 2009). Friedrich August von Hayeks Auffassung findet man etwa in seinem Buch *Recht, Gesetzgebung und Freiheit*, Bd. 2: *Die Illusion der sozialen Gerechtigkeit*, dt. Landsberg 1996. Die Marx'sche Rechtskritik ist unter etwas anderen Vorzeichen unlängst wieder aufgenommen worden, und zwar bei Christoph Menke, *Kritik der Rechte*, Berlin 2015, und bei Daniel Loick, *Juridismus. Konturen einer kritischen Theorie des Rechts*, Berlin 2017.

Freiheit, Gleichheit und Gegenseitigkeit

Über den Zusammenhang zwischen Gerechtigkeitsvorstellungen und den Vorstellungen davon, wie eine Gesellschaft funktioniert, siehe Peter Koller, Gesellschaftsauffassung und soziale Gerechtigkeit, in: *Auf der Suche nach der gerechten Gesellschaft*, hrsg. von G. Frankenberg, Frankfurt am Main 1994, 129–150.

Eine gute Einführung in Philip Pettits Denken bietet sein Buch *Gerechte Freiheit: Ein moralischer Kompass für eine komplexe Welt*, dt. Berlin 2015. Quentin Skinner entwickelt den »republikanischen« Freiheitsbegriff etwa in *Liberty Before Liberalism*, Cambridge 1998.

Zu modernen Gerechtigkeitstheorien siehe vor allem Will Kymlicka, *Contemporary Political Philosophy. An Introduction*, 2. Aufl., Oxford 2002; Wolfgang Kersting, *Theorien der sozialen Gerechtigkeit*, Stuttgart 2000; Felix Heidenreich, *Theorien der Gerechtigkeit. Eine Einführung*, Opladen 2011. Geistreich ist die populäre Einführung von Michael Sandel, *Gerechtigkeit: Wie wir das Richtige tun*, Berlin 2013. Sandel ist eine Art »Popstar« der politischen Philosophie. Seine Harvard-Vorlesung gibt es auch online: https://www.youtube.com/results?search_query=sandel+justice. Sehr umfangreich ist das neue Werk von Michael Köhler, *Recht und Gerechtigkeit. Grundzüge einer Rechtsphilosophie der verwirklichten Freiheit*, Tübingen 2017.

Der Utilitarismus ist die bedeutendste Position in der Moralphilosophie. Ich erwähne aus diesem Grund drei besonders herausragende Werke: R. M. Hare, *Moralisches Denken*, dt. Frankfurt/Main 1992; Peter Singer, *Praktische Ethik*, dt. 3. Aufl., Stuttgart 2013, und Derek Parfit, *Reasons and Persons*, 3. Aufl., Oxford 1987.

Als allgemeine Einführung in die ökonomische Analyse des Rechts empfiehlt sich im deutschsprachigen Raum Horst Eidenmüller, *Effizienz als Rechtsprinzip*, 4. Aufl., Tübingen 2015. Eine Anthologie wichtiger Beiträge bieten Hans-Dieter Assmann/Christian Kirchner/Erich Schanze, *Ökonomische Analyse des Rechts*, Tübingen 1993. Eine gute Übersicht über die Strömungen bieten Nicholas Mercuro & Steven G. Medema, *Economics and the Law. From Posner to Postmodernism*, Princeton 1997. Sehr hilfreich zum Verständnis des historischen Kontextes ist das Buch von Herbert Hovenkamp, *The Opening of American Law. Neoclassical Legal Thought*, 1870–1970, Cambridge, Mass. 2014.

Den besten Zugang zu Rawls' Theorie findet man in seinem Buch *Gerechtigkeit als Fairneß. Ein Neuentwurf*, dt. Frankfurt/Main 2006. Das Werk ist aus Unterrichtsmaterialien hervorgegangen, mit denen Rawls sein umfassendes Hauptwerk, *Eine Theorie der Gerechtigkeit*, dt. Frankfurt/Main 1975, präsentierte.

Robert Nozicks Werk zur Theorie der Gerechtigkeit ist *Anarchy, State, and Utopia*, New York 1974.

Die erwähnte Auffassung von Thomas Nagel findet man in seinem Aufsatz ›The Problem of Global Justice‹, in: Philosophy and Public Affairs 33 (2005), 113–147.

Aus der weiteren Entwicklung nach Rawls erwähne ich bloß Ronald Dworkin, *Was ist Gleichheit?*, dt. Frankfurt/Main 2011; Otfried Höffe, *Politische Gerechtigkeit. Grundlegung einer kritischen Philosophie von Recht und Staat*, Frankfurt/Main 1989; Armatya Sen, *Die Idee der Gerechtigkeit*, dt. München 2017. Thomas Pogge, *Weltarmut und Menschenrechte. Kosmopolitische Verantwortung und Reformen*, Berlin/New York 2011.

Wahrhaft geniale kritische Auseinandersetzungen mit Nozick, Rawls und Dworkin bieten drei Bücher von G. A. Cohen: *Self-Ownership, Freedom, and Equality*, Cambridge 1995; *If You're an Egalitarian, How Come You're So Rich?*, Cambridge, Mass. 2001; *On the Currency of Egalitarian Justice and Other Essays in Political Philosophy*, Princeton 2011; eine brillante Kritik an Dworkin formuliert auch Elisabeth S. Anderson, ›Warum eigentlich Gleichheit?‹, dt. in: *Gleichheit oder Gerechtigkeit. Texte der neuen Egalitarismuskritik*, hrsg. v. A. Krebs, Frankfurt/Main 2000, 117–171.

Den Übergang zur Inklusion analysiere ich näher in meinem Aufsatz ›From Workers to Migrants: Exploring the Changing Social-Democratic Imagination‹, in: European Law Journal 18 (2012), 711–726.

Den Begriff der sozialen Freiheit verdanken wir der Hegel-Interpretation von Frederick Neuhouser, *Foundations of Hegel's Social Theory. Actualizing Freedom, Cambridge*, Mass. 2000. Prominent angewandt wird er bei Axel Honneth, *Die Idee des Sozialismus. Versuch einer Aktualisierung*, Berlin 2015. Siehe schon Dieter Suhr, *Die Entfaltung der Menschen durch die Menschen*, Berlin 1976.

Polis und Staat

Den Titel dieses Kapitels habe ich mir schamlos von dem gleichnamigen Werk von Rüdiger Bubner abgeborgt (Frankfurt/Main 2002). Wie alles von Bubner ist auch dieses kurze Buch sehr lesenswert.

Der Aufsatz von Benjamin Constant ist ›Von der Freiheit des Altertums, verglichen mit der Freiheit der Gegenwart‹, in: Werke in vier Bänden, hrsg. v. A. Blaeschke & L. Gall, Bd. 3, Berlin 1972, 27–60.

Die Geschichte der republikanischen Tradition wird nachgezeichnet bei Wilfried Nippel, *Antike oder moderne Freiheit? Die Begründung der Demokratie in Athen und in der Neuzeit*, Frankfurt/Main 2008; Philipp Hölzing, *Republikanismus und Kosmopolitismus. Eine ideengeschichtliche Studie*, Frankfurt/Main 2011.

Hannah Arendts einschlägiges Werk heißt auf Deutsch *Vita Activa oder Vom tätigen Leben*, 6. Aufl., München 2007.

Zum Monotheismus als Problem siehe nur Jan Assmann, *Die Mosaische Unterscheidung oder der Preis des Monotheismus*, München 2003.

Zur Souveränität siehe Dieter Grimm, *Souveränität: Herkunft und Zukunft eines Schlüsselbegriffs*, Berlin 2009. Zu empfehlen sind zwei weitere Werke von Grimm: *Recht und Staat der bürgerlichen Gesellschaft*, Frankfurt/Main 1987; *Die Zukunft der Verfassung*, Frankfurt/Main 1991. Neben Grimm ist auch Ernst-Wolfgang Böckenförde ein wichtiger Vertreter der deutschen Staatslehre der zweiten Hälfte des 20. Jahrhunderts. Siehe vor allem seine Werke *Recht, Staat, Freiheit*, erweiterte Ausgabe, Frankfurt/Main 1991, und *Staat, Verfassung, Demokratie*, Frankfurt/Main 1991. Diese Tradition des Staatsdenkens wird mit dem englischen Public Law vermählt bei Martin Loughlin, *Foundations of Public Law*, Oxford 2010.

Zu den Federalist Papers gibt es die mittlerweile klassische Studie von David F. Epstein, *The Political Theory of the Federalist*, Chicago 1984; zu Rousseau etwa Wolfgang Kersting, *Jean-Jacques Rousseaus ›Gesellschaftsvertrag‹*, Darmstadt 2002.

Zum Machtkreislauf in Habermas' Theorie der Demokratie siehe Regina Kreide, ›Zur Rolle von Zivilgesellschaft und politischer Öffentlichkeit‹ in: *Jürgen Habermas: Faktizität und Geltung (Klassiker Auslegen)*, hrsg. v. P. Koller/Ch. Hiebaum, Berlin 2016, 135–152.

Zur deliberativen Demokratie siehe bloß Carlos Santiago Nino, *The Constitution of Deliberative Democracy*, New Haven 2009.

Joseph A. Schumpeter entwirft sein Demokratiemodell in dem Werk *Capitalism, Socialism, and Democracy* (1943), Neuausgabe London 2000, 269–283.

Zur Nation siehe Benedict Anderson, *Die Erfindung der Nation. Zur Karriere eines folgenreichen Konzepts*, dt. 3. Aufl., Frankfurt/Main 2005. Die im Text in § 113 enthaltene Skizze des nationalen persönlichen Selbstverständnisses ist angelehnt an Alasdair MacIntyre, *Is Patriotism a Virtue?*, Lawrence 1984.

Zur Europäischen Menschenrechtskonvention siehe Andrew Moravcsik, ›The Origins of Human Rights Regimes: Democratic Delegation in Postwar Europe‹, in: International Organization 54 (2000), 217–252.

J.H.H. Weilers Hauptwerk ist *The Constitution of Europe*, Cambridge 1999.

Zum »autoritären Liberalismus« siehe Hermann Heller, ›Autoritärer Liberalismus?‹ (1933), in: Gesammelte Schriften, Bd. 2, Leiden 1971, 643–653.

Giandomenico Majones Ideen über die nicht-majoritäre Demokratie findet man exemplarisch in seinem Aufsatz ›Europe's 'Democracy Deficit': The Question of Standards‹, in: European Law Journal 4 (1998), 5–28. Zum Kryptoföderalismus siehe *Rethinking the Union of Europe Post-Crisis: Has Integration Gone Too Far?*, Cambridge 2014.

Zum ›deliberativen Supranationalismus‹ siehe Christian Joerges, ›'Deliberative Supranationalism' – A Defence‹, 5 *European Integration online Papers* (2001), http://eiop.or.at/eiop/texte/2001-008a.htm. Die Idee wurde von Jürgen Neyer dahingehend weiterentwickelt, dass die Europäische Union Gerechtigkeit verbürge. Siehe *The Justification of Europe. A Political Theory of Supranational Integration*, Oxford 2012.

Das »Lieblingsdogma« rekonstruiere und kritisiere ich in ›The Darling Dogma of Bourgeois Europeanists‹, in: European Law Journal 20 (2014), 688–712.

Zum Verständnis der Probleme supranationaler Integration siehe Dieter Grimm, *Die Zukunft der Verfassung II. Auswirkungen von Europäisierung und Globalisierung*, Berlin 2012.

Zur kosmopolitischen Verfassung siehe mein Buch *The Cosmopolitan Constitution*, Oxford 2014.

Personenregister

Sachregister

Alexander Somek ist seit 2015 Professor für Rechtsphilosophie an der Universität Wien. Zuvor war er Inhaber des Charles E. Floete Chair in Law am College of Law der University of Iowa und Gastprofessor u.a. an der Princeton University und der London School of Economics. Veröffentlichungen u.a.: *Rechtliches Wissen*, Frankfurt/Main 2006; *The Cosmopolitan Constitution*, Oxford 2014; *Rechtstheorie zur Einführung*, Hamburg 2017; *The Legal Relation. Legal Theory after Legal Positivism*, Cambridge 2017.